PODER S/A

BETO RIBEIRO

PODER S/A
Guia de sobrevivência aos psicopatas do mundo corporativo

EDIÇÃO REVISTA E AMPLIADA

© 2024 - Beto Ribeiro
Direitos em língua portuguesa para o Brasil: Matrix Editora
www.matrixeditora.com.br
/MatrixEditora | @matrixeditora | /matrixeditora

Diretor editorial
Paulo Tadeu

Capa, projeto gráfico e diagramação
Patricia Delgado da Costa

Ilustração da capa
I.A. Shutterstock

Edição
Joaci Pereira Furtado

Revisão
Adriana Wrege
Cristiane Fogaça

CIP-BRASIL - CATALOGAÇÃO NA PUBLICAÇÃO
SINDICATO NACIONAL DOS EDITORES DE LIVROS, RJ

Ribeiro, Beto
Poder S/A / Beto Ribeiro. - 1. ed. rev. e ampl. - São Paulo: Matrix, 2024.
248 p.; 23 cm.

ISBN 978-65-5616-430-4

1. Administração de empresas - Humorismo. 2. Cultura organizacional - Humorismo. 3. Humorismo brasileiro. I. Título.

24-87740
CDD: 869.7
CDU: 82-7(81)

Meri Gleice Rodrigues de Souza - Bibliotecária - CRB-7/6439

SUMÁRIO

Quando tudo começa 9

Térreo
    Edifício SP Centrale Downtown Financial Center.. 15

1º andar
    ALÉM+ Agência 21

2º andar
    VoZ VivA 41

3º andar
    BelaBeauty&Cia 53

4º andar
    GoldenBank 59

5º andar
    Grama Verde Agricultura 67

6º andar
    SG Electronics 75

7º andar
    MUNDO de Descontos 83

8º andar
    MUNDO de Descontos 103

9º andar
    MUNDO de Descontos 115
10º andar
    Sidar Incorporação 123
11º andar
    Sidar Incorporação 135
12º e 14º andares
    RRS Consultoria&Associados 143
13º andar 157

15º andar
    Santos Bebidas 163
16º andar
    SPTEL 175
17º andar
    Kilo Computers Inc. 185
18º e 19º andares
    BS Siderúrgica 193
20º andar
    Internet Brazil 201

Alguns executivos e novos prédios depois 213

2024
Tudo que vai 221

O livro de Guto Corsaro 225

Doze soluções para quem quer fugir do mundo corporativo 241

Dicionário corporativo 245

*Para os que sabem bem como é a labuta de todo dia.
Para Odete Roitman, meu pai e Marilu Beer,
minhas maiores saudades.
Para o Aru, sempre.*

Quando tudo começa

Era 2007 quando escrevi a primeira versão de Poder S/A. Ainda trabalhava no mundo corporativo. O universo do crime era apenas matéria de portais e jornais em minha vida – e eu nem ligava muito para isso, com exceção do caso Daniella Perez (1970-1992), que marcou minha geração. A morte real havia invadido a novela de mentira, e a novela invadia todas as casas num Brasil pré-Plano Real. Mas essa é outra história.

Lá em 2007 ainda não sabia que havia termos técnicos para as personagens que passavam e passeavam pela minha carreira na área de marketing – tanto nas empresas em que eu completava o time dos "colaboradores", como nas dos meus amigos e de anônimos que se apertavam pelos elevadores dos edifícios comerciais Triple A (às vezes nem tão Triple A assim).

Hoje, não seria difícil apontar para psicopatas, narcisistas, pessoas com baixa autoestima que eram as presas perfeitas para os agora denominados "assediadores" (ou seriam sádicos?) – morais e sexuais. Adorava o lugar onde estava, amava o que fazia, mas sabia que algo estava errado. Nunca quis ser aquele grupo de letras que, no começo, nem fazia ideia do que significavam: CEO, CFO, CCO, C-não-sei-mais- -o-quê. Na dúvida, jogue um C (de *Chief*) mais uma palavra em inglês e um terceiro termo amiguinho em inglês também, *of course*, e *boom*: criou um cargo que ninguém entende o que é, mas que vai deixar sua mãe impressionada. Exatamente por não ter tido esse sonho de ser um "homem cadeira" (*chairman*, caso você não tenha entendido a piada) que eu conseguia ter distanciamento humano e profissional, o que me permitiu analisar o que se escondia por trás da mais perfeita reunião de trabalho. Sempre me perguntava: por que a colega aceita o que acabou de aceitar? Por que o companheiro de baia não colocou limite e explicou para o chefe que não pode ir à reunião de domingo (sim, domingo), já que é aniversário da sua mãe...? Ou só porque ele quer brincar de Deus e descansar no sétimo dia (mesmo domingo sendo o primeiro dia da semana) e passar a tarde toda só trocando o DVD das temporadas do *The Office*? Lembre-se: é 2007, Netflix ainda era só uma entregadora, também de DVDs, lá em terras norte-americanas – e quem mandava no entretenimento verde-amarelo era a Blockbuster (outra marca do Tio Sam que caía muito bem para os brazucas americanizados da época). O YouTube estava começando a nascer, e todo mundo tinha certeza de que essa plataforma nunca seria algo sério. Era coisa de criança. Ai, ai...

Ironia e atenção. E resposta rápida. Essas são três características que carrego desde sempre – segundo minha mãe e minha tia Bete, eu sou assim desde os nove meses, quando comecei a andar. E a falar. E a falar sem qualquer erro. Ou seja, eu era um ET sem limites, sempre colocando os adultos em momentos, no mínimo, constrangedores – e até, por que não?, assustadores. Para amenizar qualquer barbaridade que eu falasse, minha mãe querendo que um meteoro acabasse com o mundo para sua vergonha passar, lembrava que eu só tinha nove meses e não sabia o que falava (hoje, ela concorda que eu sabia sim o que falava e a tia Bete, aos risos, diz que eu quase sempre estava certo. Só não concordo com esse "quase"). Como eu curtia vestir macacão, eu podia ter feito *Chuck – o boneco assassino* sem dublê. Hollywood perdeu seu melhor ator real de filme de terror. Uma pena. E uma pena também não ter celular com câmera na época. Com certeza, haveria um TikTok bem bombado com o mini-Chuck. Ia adorar seguir e compartilhar.

Mas, voltando para o ponto central de *Poder S/A* – antes que você desista de levar o livro para casa –, usei toda a minha ironia, atenção e raciocínio rápido para escrever estas histórias sobre o mundo corporativo – e acho que hoje em dia, graças ao meu atual trabalho no canal Crime e

Mistério S/A, em que eu posso ser 100% eu, as pessoas estão mais prontas para entender os subtextos doidos que trago aqui. Não sabia se tudo isso ia virar algo interessante ou não. Queria, de alguma forma, fazer um registro de uma época. Quando meu amigo de crime e de vinho, Ullisses Campbell, falou para eu lançar uma versão revisada desta "obra", descobri que seria uma loucura mudar o livro. Ullisses sempre está mais certo que eu, mas desta vez resolvi me ouvir. Este livro é um registro de um momento no mundo do trabalho – no Brasil e até de como era pelo mundo. Era 2007, e 11 de setembro de 2001 era logo ontem. As formas e os maneirismos daquele momento estão nas histórias. Mas não só isso.

Chega a ser assustador: apesar de *compliance* hoje em dia em tudo que é CNPJ, eu diria que todas essas tramas são atuais. As roupas podem ter ficado um pouco mais *slim* (olha o inglês de novo!), mas o que assusta é como as histórias que foram escritas em 2007 poderiam estar sendo vividas agora (seja o agora o ano em que você estiver lendo isto aqui). Há coisas que não se alteram porque a base de tudo não se altera: o ser humano. As perguntas que criei na primeira edição do livro ainda reverberam e criam angústia: *Você detesta seu chefe? Trabalha mais de quinze horas por dia? Odeia o RH da sua empresa?* E as respostas marqueteiras também se mantêm intactas, não envelhecem – no máximo, passaram por uma harmonização facial no crachá. Se o *SIM* saiu fácil para as perguntas, então leia *Poder S/A*. Você não vai aprender a lidar com todas as frustrações do dia a dia do trabalho, mas vai rir delas. Com certeza. E se sua resposta foi *NÃO,* tudo bem. Você também vai gostar de se ver no livro – não é à toa que os vilões são os mais amados-odiados, na ficção e na vida real.

Beto :)

Ano de 2007. Todas as histórias a seguir foram escritas em um tempo em que não havia Instagram ou TikTok. Mark Zuckerberg ainda não sabia como se vingar da ex-namorada e os gêmeos não tinham apresentado a ele a ideia do Facebook. A gente tinha que se contentar em dar gelinho no Orkut, conversar online pelo MSN Messenger, mas celulares já tinham roaming *(olha que avanço!)*, e Motorola e Nokia eram as marcas mais desejadas para seu próximo aparelho. Não éramos tão online assim, ainda dava para dizer para o chefe que você "estava sem sinal".

Todas as histórias contadas neste livro são baseadas em fatos que realmente aconteceram. Os nomes dos personagens e empresas foram trocados, para preservar a saúde física do autor. E sua conta bancária. Afinal, advogado custa uma grana.

Nas últimas páginas, há um Dicionário do Mundo Corporativo, em que é possível entender melhor as palavras usadas e abusadas pelos que vivem no universo empresarial.

E atenção: no final de tudo, não existe fim. Quando Poder S/A estiver se despedindo, começará outra história, outro livro... CRIME S/A.

Térreo

Edifício SP Centrale Downtown Financial Center

Na literatura, "João amava Tereza, que amava Raimundo, que amava Maria, que amava Joaquim, que amava Lili, que não amava ninguém". Já no mundo corporativo, a quadrilha é um pouco mais ácida e triste: "O Diretor Comercial detestava o Diretor de Marketing, que tinha antipatia do Coordenador de RH, que não suportava o Gerente Financeiro, que tinha asco de seu *Trainee*, que tinha medo do Presidente, que não se importava com ninguém. Apenas com seu bolso". E isso é só um pedaço da linha ódio-medo-horror entre os seis mil funcionários das diferentes empresas que trabalham no número 6.666 da Av. Brigadeiro Faria Lima, no bairro do Itaim, em São Paulo.

O prédio, um dos mais bonitos da avenida, está num terreno de seis mil metros quadrados, rodeado por quatro jardins com doze palmeiras e seis fontes cada um, que dão certo charme à velha arquitetura de vidro e concreto que invadiu a cidade.

Como sempre no Brasil, o nome escolhido para batizar o edifício consegue misturar vários idiomas, sem qualquer lógica. SP Centrale

Downtown Financial Center é como se chama essa torre de 20 andares. Numa tradução rápida, significa "Centro Financeiro do Centro de São Paulo". O curioso é que o bairro onde está o SP Centrale fica a cerca de nove quilômetros do centro; e esse não é um prédio exclusivo para empresas ligadas ao mundo bancário. Aliás, ali há apenas um banco de investimentos. Ou seja, a pergunta que fica é: por que diabos escolheram esse nome? Mistérios do mundo dos negócios...

Por dia, as oito catracas do SP Centrale recebem, cada uma, cerca de doze mil e trezentas passadas de crachás de funcionários e visitantes, que sempre se impressionam com a riqueza do *hall* de entrada. Pedras vindas da Espanha, de Portugal e da Grécia compõem o piso; as portas são de vidros venezianos; os elevadores foram projetados por um importante *designer* norte-americano; e o balcão da recepção é de mármore vindo diretamente da Itália. A sensação era de que Michelangelo apareceria a qualquer momento para conduzir a construção do SP Centrale. Mas ficou mesmo a cargo dos talentos da engenharia nacional. Como você pode ver, nem tudo é assim tão glamuroso nesse edifício.

Há quase cinquenta seguranças trabalhando em turnos de seis horas, que totalizam duzentos homens com ternos pretos fazendo o que a polícia na cidade não consegue: afastar ladrões e sequestradores das proximidades do SP Centrale. Aliás, o sistema de segurança é de última geração, com câmeras em todos os cantos do prédio, ligadas diretamente à central de segurança da 24Horas Security (olha o inglês aí de novo), conectada online com as principais delegacias paulistanas.

A cada dois meses, vinte homens sobem em andaimes para lavar, em apenas três dias, as mais de mil janelas do SP Centrale. E é claro que assim que as últimas janelas do térreo estão secando começam as chuvas de verão fora de hora. "Odeio esse aquecimento global!", grita Vanessa Reis, entre um trovão e outro. Ela é a gerente-geral do prédio – sim, em condomínios como o SP Centrale não há zeladores, mas gerentes –, que organiza o entra e sai diário de faxineiros, pintores, encanadores, entre outros prestadores de serviço. De quinze em quinze dias chega um novo carregamento de produtos de limpeza, de deixar qualquer hotel com inveja. Só de folhas de papel pra enxugar as mãos são dois milhões. ("Bastam duas para deixar as mãos secas", lembram os avisos nos banheiros. Mas todo mundo puxa, no mínimo, cinco, até formar um bolo de papel bem grande nas mãos.) Além das inúmeras caixas de sabão, sabonete líquido, sacos de lixo, detergente, vassouras e tudo o mais que você imaginar numa área de serviço. Isso sem contar o maior charme do prédio: *perfume de ambiente L'Occitane*. O aroma de verbena dura, em média, cinco minutos no ar. E o SP Centrale não fica um segundo sequer sem seu cheiro característico. Faça as contas você mesmo e se assuste com o resultado de quanto é gasto em perfume no edifício: um vidro dura uma hora, numa média de oito horas por dia, sete dias por semana... Nenhuma mulher, jamais, em uma vida, conseguirá consumir todo o perfume que o SP Centrale gasta em um dia. Ainda bem, os narizes de todos agradecem.

O edifício tem um total de vinte andares – sem contar os cinco para baixo. Os subsolos do SP Centrale são capazes de abrigar mais de três mil veículos, o que acaba causando trânsito na pequena rua que dá acesso à rampa de entrada e saída dos carros. O dia inteiro é um entra e sai de Pajeros, Mercedes, Audis e Alfa Romeos, sem contar os incontáveis Gols, Palios e Fox, entre os mais simples. A vizinhança que está no bairro há quase quarenta anos detesta o barulho e a fumaça que entram sem pedir licença nos pequenos sobrados. Dona Marie Antoniette, uma austríaca que chegou ao país em 1942, odeia o SP Centrale. Ela sempre tenta jogar pedra nos carros e já colocou o nome do prédio em sete bocas de sapos. O que a octogenária mais queria era que o Brasil se tornasse um país muito importante, para o Bin Laden mandar um avião direto ao SP Centrale. "Só um já resolve!", gritava todo dia de manhã quando começava o barulho dos carros dos "moradores" do edifício.

A qualquer hora do dia e da noite há cinco recepcionistas prontas para ajudar quem chega ao SP Centrale. Entre elas, Wanda, que se apresenta como *"Uanda"*, sempre atende os visitantes do prédio com um sorriso paralisado no rosto. Ela foi muito bem treinada pela empresa de prestação de serviços que trabalha para os principais condomínios de escritórios da cidade e que foi contratada por Vanessa Reis. "Uanda" segue o mesmo roteiro de atendimento para qualquer pessoa. E, para não se esquecer de nada, todos os passos estão impressos atrás da tela do computador: Passo 1: Perguntar se já é cadastrado.

Passo 2: Pedir o RG. Anotação da "Uanda": *Só preencher a ficha do computador com o documento na mão. Não aceitar que o visitante dite nome ou número da carteira de identidade. J-A-M-A-I-S!*
Passo 3: Tirar uma foto. Anotação da "Uanda": *de surpresa, sem avisar.* Anotação 2 de "Uanda" em local em que não é fácil de ler, mas que ela nunca esquece: *A mais ridícula possível.*
Passo 4: Pedir o nome da empresa e do funcionário que for visitar para pedir permissão para a entrada do visitante. Anotação da "Uanda": *fazer cara de "Eu vou ligar, hein! Se for mentira, é sua última chance de sair correndo". Repetir o nome da pessoa no mínimo três vezes, para o visitante achar que ninguém sabe quem ele é ou que não há ninguém esperando sua visita.*
Passo 5: Digitar número do crachá. Anotação da "Uanda": *Salvar. Demora um minuto. Somente depois de salvo ir para o passo 6.*
Passo 6: Entregar o crachá para o visitante.

Todo esse roteiro, geralmente, leva cerca de três a quatro minutos, dependendo do humor da recepcionista. Quanto mais bem-humorada, mais ela demora. "Uanda" tem uma frustração: não entende muito bem o que fazem as empresas que estão no SP Centrale. Geralmente, fica irritada ao ter que falar o nome daquelas "firmas que ninguém sabe o que são", segundo a recepcionista. Uma ou outra marca ela reconhece. Mas a maioria, para "Uanda", nunca existiu. Sua mãe sempre dizia para ficar de olho. "Essas empresas devem tudo vender tóxico!", alertava a dona Walquiria, que gostava de ser chamada de "Ualquiria". Essa coisa de "W" com som de "V" era muito pobre para "Uanda" e sua família.

Atrás da recepção fica um quadro de acrílico – trazido da Bélgica – com cada andar apontando sua empresa. Cada nome ali tem uma história, uma marca e um ramo de atividade próprios. Mas todas têm uma forma de comunicação infalível, impossível de ser detida: a Rádio Peão. Essa rádio veio para ficar e consegue ser mais rápida que o plantão dos principais veículos jornalísticos do mundo. Todo assunto de qualquer empresa passa pela Rádio Peão. Se o diretor de RH resolveu antecipar o dissídio, a Rádio Peão será a primeira a saber. Assim como será a primeira a disseminar o pânico entre os funcionários se, por acaso, houver cortes na folha de pagamento. Se algo for SEGREDO, pode ter certeza de que a Rádio Peão saberá. Onde ela acontece? Em todos os cantos de uma empresa: corredores, banheiros, bebedouros. Aquelas copas em que todos se reúnem, sabe? É o local perfeito para começo ou complemento da notícia do dia. A Rádio Peão é a institucionalização da fofoca no trabalho. Ela existe desde que uma empresa tenha mais de dois funcionários. É o diz que diz, o repasse de informação. Seja ao vivo, por e-mail, mídias sociais, telefone. Até por videoconferência internacional acontece. Cuidado: todos são fontes, repórteres e temas das mais diversas e possíveis pautas de uma Rádio Peão. Inclusive você.

Nomes bonitos como "colaborador", "associado", "companheiro" substituem o termo "funcionário" na maioria das empresas que vivem no SP Centrale. Assim, cada presidente, diretor, gerente finge que trabalha feliz numa marca que sempre entra para listas da *Revista Money S/A*: "As Mais Mais" e "As 100 com os empregos mais bacanas do país". Todos ganham dinheiro e têm poder. Assim como todos são torturadores e torturados em potencial. E não há um minuto sequer em que as pessoas do SP Centrale não pensem no dia em que nunca mais precisarão passar seus crachás novamente naquelas catracas.

Seja bem-vindo ao SP Centrale Downtown Financial Center. A qual empresa você deseja ir?

SP Centrale Downtown Financial Center

1 – ALÉM+ Comunicação	11 – Sidar Incorporação
2 – VOZ VIVA Telemarketing	12 – RRS Consultoria&Associados
3 – BelaBeauty&Cia	14 – RRS Consultoria&Associados
4 – GoldenBank	15 – Santos Bebidas
5 – Grama Verde Agricultura	16 – SPTEL Telefonia
6 – SG Electronics	17 – KILO Computers Inc.
7 – MUNDO de Descontos Varejo S/A	18 – BS – Brasil Siderurgia
8 – MUNDO de Descontos Varejo S/A	19 – BS – Brasil Siderurgia
9 – MUNDO de Descontos Varejo S/A	20 – Internet Brazil Ltda
10 – Sidar Incorporação	

1º andar

ALÉM+ Agência

Razão social: ALÉM+ Agência de Propaganda e Comunicação Inteira Ltda.
Posição no mercado: 12.º lugar
Faturamento: não disponível
Número de funcionários: 216 "comunicadores"
Tempo de vida: 16 anos
Tempo de SP Centrale: 2 anos
Missão da empresa: "Despertar e desenvolver o melhor da criação junto com os resultados do negócio do cliente"
Curiosidade: Todos os seus principais clientes estão no SP Centrale

Entre deusas e diabos da novela das oito

"Se o diabo veste Prada, eu não sei, mas que ele mora no primeiro andar do SP Centrale, ah... isso mora", é como Cássia sempre descreve sua chefe. Ela usou essa frase num jantar romântico, no velório da avó, na terapeuta, na academia, e agora repetia para Amanda na lanchonete da ALÉM+, agência que ocupa os mil metros quadrados do primeiro andar do SP Centrale.

I

Isadora chega ao escritório como sempre: bege. Ela é uma mulher bege. Naquela terça-feira de outono, estava especialmente bege: calça bege-escura de tecido mole, uma camisa de crepe bege-clara, cabelo chanel castanho-claro bege, sapato sem salto bege-cor-cocô, bolsa da mesma cor. Nada ali era Prada, Gucci ou Armani. Não. Isadora não gasta dinheiro com bobagens e sempre que pode corre ao Brás, na zona leste de São Paulo, para abastecer o enorme *closet* de seu enorme quarto de sua enorme casa no bairro das cobras, o Butantã. Sua bolsa, então... Grita que foi achada numa daquelas pontas de estoque de Moema – e que só quem compra lá acredita que nem parece bolsa de saldão. De joia ela trazia apenas a aliança de casamento na mão esquerda, um relógio sem marca e dois pequenos brincos de brilhante. Sua única maquiagem era o *gloss* que destacava a pequena boca, que parecia estar sempre pronta para assoviar. Com um metro e sessenta e quarenta quilos, Isadora tem voz fina, muito fina, quase de criança, destoando da pose que tem quando entrega seu cartão de visita de diretora-geral de criação da Agência ALÉM+. Além de sócia, já que é casada em comunhão de bens com o dono da empresa.

Jornalista de formação e publicitário de coração, Igor está casado com Isadora há 25 anos. Ele é a verdadeira *alma* da agência, enquanto a esposa é o cérebro e a mão de ferro. Graças à sua simpatia natural, o publicitário-jornalista-dono conseguiu fazer da ALÉM+ uma das quinze principais agências do país, além de ganhar prêmios e mais prêmios em diversos festivais mundo afora.

Apesar de ter muitos clientes e diversos trabalhos, a ALÉM+ carrega um fantasma que está longe de deixar de assombrá-la. Há cerca de dez anos, logo que abriram a agência, Isadora teve um surto de criação e escreveu o *Histórias de verdade*. Esse misto de documentário-comercial de um grande banco que passava na maior TV brasileira marcou época e a agência. Ainda é possível lembrar-se daqueles exemplos de brasileiros que andavam, andavam e andavam mais uma vez e contavam suas *histórias* de batalha-luta-e-suor e *de verdade* e se tornavam exemplo para a nação. Os tempos eram outros... O dólar subia sem parar, os preços eram reajustados duas vezes por dia e a novela *Rainha da sucata* ainda era recente. Hum... Pensando aqui... Os tempos eram outros mesmo? Até *Rainha da sucata* anda sendo exibida novamente...

Sempre que a ALÉM+ era citada, alguém perguntava: "Ela não fez o *Histórias de verdade*?". A resposta era sim. Mas Isadora queria gritar "N-Ã-O". A ALÉM+ padecia daquele mal de grandes atores que ficam para sempre com a cara marcada por um personagem forte demais, que foi além ("além", pegou?). Eles podem fazer Nelson Rodrigues, Shakespeare, Molière, mas sempre serão lembrados por aquele vilão da novela das oito. E isso acontecia com Isadora. Isso irritava Isadora. Isso deixava Isadora "bege". Até porque esse projeto, de fato, foi a única boa criação da poderosa ALÉM+.

II

Por ter feito o *Histórias de verdade* e por ser dona do marido e da agência, Isadora fazia o que queria e como queria na ALÉM+. Ela, no primeiro andar do SP Centrale, era a única. Ninguém, jamais, discordava de suas opiniões. Mas Isadora sabia que ninguém concordava com ela de coração. E isso matava a temida criadora. Acima de tudo, o que ela queria era ter sua inteligência invejada. Algo que, de fato, não acontecia. Aquilo iria mudar. "Nunca mais passarei fome novamente", dizia Scarlett O'Hara em *...E o vento levou*. "Nunca mais dirão que eu só soube criar o *Histórias de verdade*", dizia Isadora, com o mouse na mão.

III

Nessa terça-feira nublada, Igor chegou com ar de vitória na agência. Ele trouxe duas importantes contas e, por coincidência daquelas que só acontecem em novela, de duas empresas que também estão no SP Centrale. A primeira conta é a VoZ VivA (com Z e A maiúsculas mesmo) e a segunda, a mais importante para Isadora, a MUNDO de Desconto – o maior varejo do país.

Para VoZ VivA, a ALÉM+ criará um evento de integração dos gerentes da empresa de telemarketing – algo que Isadora detesta parar para pensar. Isso ela deixará a cargo de Heloisa, uma das diretoras de criação da sua equipe.

A MUNDO de Descontos ficará com a diretora-geral de criação. Eles queriam uma campanha emocional, que mostrasse a força da marca MUNDO se unindo com uma segunda marca de varejo que haviam acabado de comprar, mas que ainda não podia ser divulgada. Muitos apontavam que a MUNDO teria comprado a Promoção – a quinta do setor, transformando-se numa das maiores potências do varejo mundial. Outros davam como certo que a comprada seria a Lojas da América. Uma terceira vertente garantia que a MUNDO havia adquirido as duas empresas. Tanta especulação fez as ações das três empresas subirem além da conta nos últimos dias. Mas Isadora não queria saber da Bolsa de Valores. Queria mesmo era criar um novo conceito de propaganda, deixar de ser aquela vilã da novela das oito. Isadora desejava ser realmente respeitada pelo mercado e não só ser temida pelos seus funcionários. E a MUNDO de Descontos seria a sua porta de entrada para isso. Já conseguia ver como manchete do *Brainstorm* – o veículo sobre propaganda mais importante do país e que serve para os publicitários exporem seus egos uns para os outros – "ALÉM+ cria uma nova linguagem para a comunicação brasileira". Abaixo, haverá uma foto de Isadora e Igor contando sobre o desafio de criar o conceito da campanha MUNDO, e como eles não haviam se baseado em nada, tinham criado tudo do zero, pois queriam algo novo. Algo *de verdade*.

Isadora estava animada. Ligou para Cássia, sua assistente, avisando que não queria ser importunada nem pelo marido. Tirou delicadamente os sapatos, revelando sua pequena meia bege, tomou um pouco de água, olhou fixo para a tela do computador e começou a escrever. Ela não almoçaria naquela terça-feira, tampouco ligaria para a hora que Igor chegaria em casa. Certamente, Isadora estaria no escritório revisando o texto para a apresentação para o cliente, dali a dois dias.

IV

Cássia sentava-se numa baia junto com as outras três diretoras de criação da ALÉM+. Isadora só contratava mulher como criadora. Ela confiava na alma feminina para criar. Cássia era a diretora júnior, que estava na ALÉM+ fazia um ano. Como assistente de direção, era seu trabalho revisar os textos, escrever alguns roteiros eleitos como menores pela equipe de criação e também fazer as vezes de secretária de Isadora, mas apenas de Isadora. As outras pessoas da equipe de criação não podiam pedir para Cássia nenhum favor pessoal. De jeito nenhum. E Cássia fazia questão de deixar isso claro.

As outras três diretoras de criação eram Marcia, Enzo (um ser assexuado, por isso aceito na seita feminina da ALÉM+) e Heloisa. Esta última era a diretora de criação há menos tempo na casa. Foi promovida de assistente de criação para diretora depois que "aquela que não pode ser lembrada" saiu da ALÉM+, um ano antes. Cássia havia sido contratada para o antigo cargo de Heloisa.

A Rádio Peão contou para Cássia que "aquela cujo nome não podia ser pronunciado" se chamava Roberta e havia trabalhado na ALÉM+ por sete anos. Isadora tinha verdadeira paixão pela Beta, como chamavam a antiga criadora. Roberta tinha começado carreira na agência como estagiária e logo que entrou na ALÉM+ chegou ao coração de Isadora – o que era uma raridade. A poderosa diretora-geral em tempo recorde colocou a menina como assistente de criação e nunca pediu nada pessoal para ela. Isadora ensinou Roberta a escrever, e dizem que a criatura passou a criadora, tendo um texto melhor, mais bem acabado e mais divertido. Durante dois anos, toda a criação da agência foi tocada por Isadora e Roberta, até a contratação de Enzo, no terceiro ano, e de Marcia, no quarto. Um substituindo o outro no cargo de assistente de criação. Isadora fazia questão de ensinar o trabalho da escrita para cada um da sua equipe. Assim, todos escreveriam exatamente como ela fazia e queria. A última assistente que Isadora ajudou a formar foi Heloisa. Depois que Roberta saiu da ALÉM+, Isadora ficou ainda mais fechada e deixou a cargo dos outros diretores de criação a formação da nova assistente, que agora atende pelo nome de Cássia.

Isadora faz questão de não ter nenhuma intimidade com mais ninguém da agência. Parece que a dona da ALÉM+ vestiu uma couraça para não sofrer outra decepção. Ninguém sabe até hoje o que aconteceu entre Isadora e Roberta, apenas que a ex-estagiária foi embora da ALÉM+ de uma hora para outra e que foi proibido falar seu nome. Até uma produtora que também se chamava Roberta acabou demitida dois dias depois da saída "daquela cujo nome não pode ser pronunciado"...

V

Se existisse uma trilha sonora para toda vez que Heloisa chegasse à ALÉM+, seria Erva Venenosa: "Parece uma rosa / de longe é formosa / é toda recalcada / alegria alheia incomoda / venenosa / erva venenosa". Heloisa é o estereótipo do personagem mau de novela mexicana. Com os cabelos até o quadril, Heloisa faz questão de repartir a juba para o lado direito e prender toda a parte esquerda com um grampo, deixando a franja no meio da cara. Sua gengiva sempre fica em evidência quando sorri com seus dentes quadrados e pequenos. Ela tem ainda uma moda própria: jeans bem justo e camisão de homem com a manga dobrada até o cotovelo. Os sapatos são sempre caros, mas nos pés dela parecem ter sido comprados na loja mais barata da cidade. Ela não é homossexual – apesar de toda a ALÉM+ comentar que é – e só muda o *look* no último dia útil da semana. Heloisa é do tipo que só usa branco às sextas-feiras.

Naquela mesma terça-feira, Heloisa chegou com Igor do andar de cima, onde pegara o *briefing* da VoZ VivA para o evento de integração que fariam como primeiro trabalho para a empresa de telemarketing. Heloisa mostra entusiasmo pelo evento, mas, na verdade, não tinha nenhuma vontade de pensar em mais um encontro patético de líderes de empresas. "É tudo igual, tudo chato", pensava. O sonho de Heloisa era escrever um livro ou um roteiro de cinema, mas, claro, em Hollywood. Só que ela não tinha talento nem pra escrever cartão de Dia dos Namorados, daqueles prontos com dizeres bobos que vendem em todas as papelarias do país.

Mal Heloisa chega à ALÉM+, corre para uma sala de reunião e chama Cássia. A *Erva Venenosa* começa a passar o *briefing* do evento para a assistente de direção fazer o roteiro.

– É só pegar o evento que a gente fez pra Santos Bebidas e mudar o nome do cliente. É tudo igual. Chama o mesmo cara que escreveu aquele livro de autoajuda cafona; coloca umas gostosas pra fazer figuração no palco; manda editar uns quatro vídeos emocionais com um monte de foto desses gerentes com suas famílias feias. Põe uns cinco *coffee breaks* com um monte de sanduíche de queijo e docinho de padaria... Que mais?... Ah, a trilha musical. Quando eles entrarem, começa com *2001* e termina com *Missão impossível*. Pronto.

Cássia anotava tudo. Antes de ir para o computador, a assistente pergunta para Heloisa se não seria melhor pensar em um roteiro diferente, já que aquela era a conta mais importante da área de eventos. Heloisa pede à Cássia que se cale e faça o trabalho. Imediatamente. O roteiro teria que ser enviado no dia seguinte para a VoZ VivA aprovar. Cássia faz todo o trabalho de Heloisa sem reclamar. Afinal, quem indicou Cássia para a ALÉM+ foi a *Erva Venenosa*. As duas fizeram faculdade juntas, e Heloisa viu na ex-colega de classe a possibilidade de finalmente ter uma assistente que fizesse tudo o que ela mandasse, sem abrir a boca.

No dia seguinte, no final da tarde, Cássia entrega o roteiro para Heloisa, que apenas checa se seu nome está no crédito de "Criação: Heloisa ALÉM+". Heloisa, sem sequer ler uma linha do roteiro, manda Cássia enviar o arquivo para o cliente, de seu e-mail. "E com cópia para o Igor." Cássia sugere que *Erva Venenosa* revise o texto antes. Heloisa responde que não, desliga o computador e segue para a saída da agência. Ela quer ir logo para casa assistir ao *The L Word* – aquela série de TV que conta a vida das lésbicas norte-americanas. E Heloisa não é homossexual... Será?

VI

O dia seguinte chega. Cássia avisa que está com muita febre e não consegue sair de casa. Enzo fica histérico, pois sobrará para ele revisar todo o texto que Isadora escreveu para o projeto da MUNDO de Descontos. Enzo não pode perder os últimos dias da sua novela preferida e está com medo de que a apresentação da campanha se estenda além das cenas dos próximos capítulos. E não tem a quem pedir socorro. Heloisa está com o *job* do evento da VoZ VivA e Marcia terminando uma proposta para a Internet Brazil, cujo escritório também fica no SP Centrale (outra incrível brincadeira do destino da vida de novela das oito desse prédio). Naquele dia, Enzo não almoçaria. Isadora precisaria dele até a última gota de sangue que tivesse antes de começar a pedir a alma.

VII

A reunião com a MUNDO se aproxima. Às 16h, Wagner, diretor da MUNDO, descerá para ver a proposta. "Ele vai adorar", garantiu Isadora para o marido na noite anterior. Para comemorar por antecipação, eles transaram cinco minutos além dos costumeiros dez. Isadora não teve o famoso e desejado orgasmo feminino, como sempre. Ela não é dada a essas frescuras de mulher.

Enzo já está com dor nos olhos de tanto revisar e revisar os textos de Isadora. Não adiantaria o corretor automático. Não vale o risco de ter qualquer palavra com a grafia errada no texto da *chefa* – como ele costumava se referir a Isadora para a Rádio Peão da ALÉM+.

16h. Isadora está pronta para a reunião. A sala 1 – exclusiva para os grandes clientes – está até aromatizada com o perfume de ambiente que o SP Centrale usa na recepção. Os doze lugares com papel e caneta estão arrumados, a mesa com suco de laranja, de acerola e de tomate (!) está disposta junto com café, água e alguns biscoitos franceses.

– Tudo muito chique! – disse Enzo, pegando um biscoito e devolvendo-o para a bandeja depois do olhar gelado que a *chefa* lançou para ele.

– Tudo muito adequado – corrige Isadora. E ela continuou a falar depois de uma breve pausa em que Enzo sentiu sua espinha arrepiar. E não era tesão.

– E... Enzo... Pode me esperar na sua mesa... A Cássia já não está... Vai que aparece algum *job* novo, não é? Aliás, pede pra Heloisa vir aqui, que eu queria perguntar uma coisa pra ela – diz Isadora, com sua voz fina e com a boca quase sumindo de vez de seu rosto bege. Ela queria aquele tonto fora da sala. "Melhor a homossexual", pensa a diretora.

Heloisa chega. Isadora pede a ela que fique na sala, caso precisem de alguma ajuda. "E o Enzo?", pergunta *Erva venenosa*. "Leia. Você precisa pelo menos saber sobre o que estamos falando", responde a diretora, entregando o projeto para ela. Heloisa lê e Isadora fica com os olhos na *Erva*. "Está ótimo!", disse uma Heloisa esfuziante. "Eu sei", pensou Isadora, mexendo um pouco as bochechas e passando a mão pelo bege chanel.

VIII

Isadora, Heloisa e Igor já estão na sala de reunião com a porta semiaberta. Serão apenas os três. Eles esperam o cliente em silêncio. Enquanto isso, um alvoroço acontece na ALÉM+. Igor e Isadora ouvem algumas vozes altas, umas risadas. Quando Isadora se levanta para ver o que está acontecendo, a porta da sala 1 é aberta pela recepcionista e o cliente da MUNDO de Descontos.

Não é Wagner. Quem entra pela porta é Roberta, "aquela que não pode ser lembrada, falada ou citada", o antigo desafeto de Isadora. Igor faz cara de surpresa, Heloisa tira a franja da cara, permitindo ver seus olhos pretos arregalados. Isadora senta-se na cadeira, com a boca um pouco aberta. Apenas o pouco que conseguia.

IX
UM ANO ANTES

Isadora e Roberta estão trancadas na sala da diretora-geral de criação da ALÉM+. Não há gritos. As duas se olham intensamente.

– Roberta, você foi a pior decepção da minha vida.
– Mas, Isadora, não fui eu quem cuidou das fichas do evento.
– Não interessa! Era sua responsabilidade.

— A responsabilidade geral do evento era minha, concordo... Mas as fichas ficaram com a Heloisa... Ela fez de propósito, tenho certeza! Trocou as fichas para a apresentadora errar o nome do premiado e me ferrar.

— Roberta, você é quem tinha que ter cuidado disso. Não acredito que a Heloisa tenha feito qualquer coisa errada. Para de colocar a culpa em outra pessoa e assuma seu erro.

— Mas não fui eu!

— Quantas vezes você tem que ouvir para entender? Era VOCÊ A RESPONSÁVEL PELO PROJETO. E o pior é que a troca das fichas foi a troca dos vídeos. Você não só não colocou o filme certo como soltou a fita do *Histórias de verdade*! Você sabe que eu não suporto mais ouvir falar desse programa!

— Isadora, aí são dois assuntos... A troca da fita só pode ter sido sacanagem da Heloisa. Ela quer porque quer virar diretora de criação e acha que só vai conseguir isso se me tirar do caminho.

Roberta para, respira fundo e começa a falar com a voz mais firme.

— Agora... Eu não gosto quando você fala assim do *Histórias de verdade*.

— Roberta, você não vai querer entrar nesse assunto de novo... Vai? – pergunta Isadora, com olhar frio.

— Isadora, vou entrar nesse assunto, SIM! Lembro bem que quando EU criei o *Histórias de verdade*...

— Você criou? Você criou? – Isadora ri alto, interrompendo Roberta.

— Sim. Eu criei e você sabe disso – Roberta encara Isadora. – Pena que só nós duas sabemos da verdade. Já me acostumei com o fato de você ser reverenciada pelo *Histórias de verdade*, mas não gosto quando você fala do programa como se fosse qualquer coisa. O projeto que EU criei até hoje é referência...

— Escuta aqui, Roberta, e escuta bem – Isadora diz, enfática e definitiva. – Eu nunca mais quero ouvir você dizer que a criação do *Histórias de verdade* é sua. O programa nasceu de um *briefing* de um cliente, foi discutido com toda a equipe de criação, inclusive com você. E essa equipe é minha, fica sob minha direção. Se o *Histórias de verdade* foi pensado, editado e colocado no ar foi porque eu deixei, eu mandei fazer. Esse projeto pode ter sido escrito por você. Mas ele nasceu e foi escrito dentro da MINHA empresa. Logo, Roberta, o *Histórias de verdade* é meu, assim como todos os prêmios e lembranças que acontecem até hoje... – diz Isadora, com a boca muito fechada e a voz ainda mais fina. Mas sem um grito sequer.

– É, Isadora... O lucro do *Histórias de verdade* pode ser seu. Todas essas estatuetas horrorosas podem ser suas, obrigada, eu não quero – Roberta aponta para a prateleira atrás da diretora. – Nunca estragaria a decoração da minha casa com essas porcarias... Agora, Isadora... Sabe o que me deixa mais feliz? É que você sabe que o *Histórias de verdade* não saiu da sua cabeça. VOCÊ e só VOCÊ sabe que VOCÊ jamais teria sensibilidade ou bom gosto suficientes para pensar num programa como o *Histórias de verdade*. Isadora, o que me dá mais prazer é que nós duas aqui na sala sabemos que EU sou muito melhor que VOCÊ.

Roberta se levanta da cadeira, enquanto sua chefe enterra as unhas nas mãos, que estão tão fechadas quanto sua boca.

– Isadora... Pensando bem... Se você não acredita em mim quando eu digo que não tenho culpa pela troca das fitas e das fichas... E se não acredito em você quando tenta me convencer de que eu não criei o *Histórias de verdade*,...

– É... – diz Isadora, séria. – É... Não há outro modo...

– Eu me demito – fala Roberta.

Isadora fica raivosa.

– Como assim, "me demito!"? Eu é que te demito!

– Não, Isadora. Eu me demito.

– Sabe o que mais me surpreende, Roberta? É descobrir que não há reconhecimento da sua parte por tudo o que fizemos por você – Isadora emenda, parecendo realmente emocionada. – Você simplesmente vira as costas para a ALÉM+. Nunca imaginei que você fosse assim... Tão limitada!

– Limitada?!

– Sim, limitada... Pra não dizer BURRA mesmo. Você vai para onde? Virar as costas para a ALÉM+ é fechar todas as portas de trabalho na sua vida.

– Como assim?

– Vamos ver, Roberta, onde isso tudo vai parar. Duvido que você consiga muita coisa depois que sair daqui.

– Isadora, Isadora, Isadora... – Roberta continua em pé, irônica. – Sabe por que EU criei o *Histórias de verdade*? Porque sou uma *História de Verdade*. Acredito que as pessoas consigam dar a volta por cima. Não tenho medo de você, poderosa diretora de criação ALÉM+. E só da ALÉM+ – Roberta sorri para Isadora, sai da sala, pega a bolsa e nunca mais volta para a agência.

Isso tudo aconteceu exatamente um ano atrás. 365 dias depois, Roberta volta para a ALÉM+. Como principal cliente da agência.

UM ANO DEPOIS

Roberta entra na sala de reunião 1 da ALÉM+ com um largo sorriso perfeito. Vestida de Prada da cabeça aos pés, inclusive bolsa e óculos, "aquela que não deve ser lembrada" fere Isadora e Heloisa na parte mais importante das mulheres: a vaidade. Naquela sala, Roberta brilha. Sozinha. Ela vai na direção dos três executivos da agência, tira os óculos escuros e dá um beijo em cada um deles. Isadora é a última. Isadora e Roberta se emocionam no reencontro, mas ambas fazem questão de esconder isso uma da outra.

– Nossa, Roberta... O que você faz aqui?... Não estou entendendo – pergunta Isadora, sentando-se na cadeira, mas desconfiada de que já sabe a resposta.

Roberta coloca sua bolsa na mesa, deixando a marca "PRADA" dando um soco na cara de Heloisa.

– Que engraçado voltar para esta sala. E daqui do outro lado da mesa – Roberta se ajeita numa das doze poltronas que decoram a sala de reunião.

– Roberta, desculpe... Você está aqui na ALÉM+... Por quê? – questiona Igor, tentando poupar Isadora. Sua esposa já estava sem boca e apertava as unhas na palma das mãos. Ele sabia que não haveria sexo nos próximos seis meses.

– Como assim, "por quê?"... Nós temos uma reunião às quatro da tarde, não temos?

– NÓS temos? – pergunta Isadora.

– Sim... Ué... Vocês não estavam me esperando? – Roberta devolve a pergunta com uma ponta de ironia.

– Não – responde a dona da ALÉM+, de maneira monossilábica, querendo acabar com aquele confronto.

– Pensei que todos aqui tivessem lido o *Brainstorm* de hoje... Sou a nova gerente-geral de marketing da MUNDO.

– E o Wagner? – Igor quer saber.

– Aguardem... – Roberta dá um sorriso. – Em breve vocês saberão o que aconteceu com ele. É coisa boa, não se preocupem... O sétimo e oitavo andares do SP Centrale vão tremer amanhã – Igor e Isadora ficam mudos. Heloisa gostaria de se tornar um abajur para ser totalmente esquecida. Roberta continua:

– Bem... Vamos à reunião? Tenho um encontro com a TV daqui a uma hora para fechar o plano de mídia desse comercial que a ALÉM+ criou.

– Sim, claro... – diz Igor, olhando para Isadora.

– Sim, sim... – Isadora se arruma na cadeira. "Ela vai querer me destruir. Essa vaquinha vai querer me destruir...", pensa.

Isadora pega as pastas com o projeto – a colorida para o cliente – e começa seu discurso para vender sua criação. Roberta fica atenta, Igor sempre concorda com a última palavra dita pela esposa e Heloisa nem é percebida pelas pessoas na sala.

Depois de apresentar várias páginas de defesa da sua criação – aqueles textos que não servem para nada e que só atrasam as reuniões –, Isadora começa a ler o roteiro e percebe que Roberta está uma página à frente dela. "Essa vaca quer mesmo me humilhar", pensa Isadora, enfiando as unhas ainda mais fundo nas mãos, fazendo pequenos pontos de sangue aparecerem no meio da palma esquerda. Isadora para de ler e fala para sua ex-criadora predileta:

– Olha, Roberta, fica à vontade pra mudar o que quiser. EU escrevi isso em cima do que acredito ser o melhor para esse momento da MUNDO, com base no *briefing* do Wagner. – Isadora faz questão de dizer que recebeu orientações do chefe de Roberta. – Mas com certeza você sabe melhor que ninguém como deve ser a comunicação da sua empresa.

– Imagina, Isadora... Eu jamais mudaria um texto seu – Roberta comenta, ainda lendo o roteiro. Ela estava sendo honesta.

Isadora fica desconcertada. Heloisa muda um pouco sua expressão de tomada para um olhar mais atento à antiga colega e atual cliente.

Roberta relê o roteiro e após a última página fecha a pasta da ALÉM+.

– Isto é um *Histórias de verdade* – diz Roberta com um sorriso no rosto, olhando Isadora de uma forma que apenas as duas entendiam.

"Não falei que ela queria me foder?", pensa Isadora, perdendo mentalmente a compostura.

– Não acho que essa criação tenha qualquer ligação com o *Histórias de verdade*. Isso é novo, é outra coisa – diz Isadora, com a voz mais aguda que o normal. Um apito, praticamente.

– Bem, Isadora, chame como quiser – Roberta encerra de maneira seca, cortando qualquer possibilidade de discussão. – Eu gostei. É isso mesmo que queremos. Queremos uma comunicação emocional, queremos *Histórias de verdade*! Como o que está aqui – Roberta aponta para a pasta da ALÉM+. – Bem, Isadora e Igor, está ótimo. Precisamos desse comercial pronto para amanhã às 9h. Eu passo às oito para aprovar e conto o nome da empresa que compramos. Ok?

– Ok, claro... – diz Igor.

– Tenho que ir para a TV. Obrigada pela reunião – diz Roberta, educada.

– Você não quer um suco, um biscoito? – pergunta Heloisa, com um pouco mais de coragem, depois de ter percebido que, no fim, a reunião correu bem.

– Não, obrigada – responde a "inominável", olhando aquele monte de comida na mesa.

Roberta se despede de todos. Heloisa está com inveja da ex-colega. Isadora também.

X

Amanda, a secretária de Igor, está na porta da sala de reunião 1. Está tensa, com o celular do patrão na mão. Igor aparece e ela explica que Sócrates, da VoZ VivA, já ligou diversas vezes e que até ameaçou descer e entrar na reunião da MUNDO para falar com o dono da ALÉM+. Igor liga para o cliente.

Na sala ao lado, Marcia, a outra diretora de criação de Isadora, está com Guto Corsaro, superintendente de marketing da Internet Brazil (outra empresa que tem escritório no SP Centrale). Definitivamente, ele não queria um *Histórias de verdade*. Procurava outra criação. Guto não vai fechar com a ALÉM+.

Heloisa sai da sala de reunião e vai ao banheiro ajeitar o cabelo.

Isadora já chegou ao seu escritório. Segundos antes, no corredor, não respondera às perguntas de Enzo: "Foi tudo bem? O Wagner gostou?". Ela quer poder ficar chocada sem ninguém por perto. Isadora não está bege. Está branca. Por isso, ao entrar na sua sala, fecha a porta para ficar sozinha.

XI

Isadora ouve Enzo perguntar novamente se a reunião havia sido boa, outra vez tendo silêncio como resposta. Ela imaginou que seria Heloisa chegando à sua mesa. Mas estava errada.

Igor invade sua sala, sem bater. Isadora detesta quando o marido faz isso. Mas ela pressente que algum problema sério aconteceu. "Espero que a Roberta tenha ligado e cancelado o projeto...", desejou em silêncio.

– O que foi? – pergunta para o marido. Igor começa a contar o que acabou de acontecer. Isadora fecha novamente as mãos, deixando os dedos sem cor. Sua boca sumiu. De uma vez por todas.

Depois de meio minuto, Isadora grita, num tom de apito agudo, para Enzo achar Heloisa e trazê-la imediatamente para sua sala. Enzo não demora e sai pela ALÉM+ perguntando por sua colega, até que entra no banheiro feminino e arranca Heloisa de uma cabine onde estava trancada. "Anda, corre, que a *chefa* está gritando por você!", avisou Enzo.

XII

– Heloisa! Como você manda um roteiro para a VoZ VivA chamando o cliente de Santos Bebidas?! – pergunta Isadora, aproveitando aquele momento para extravasar toda a sua irritação com Roberta.

– Como? – pergunta Heloisa, atônita.

– É isso mesmo. O Sócrates, da VoZ VivA, quer romper o contrato porque disse que chamou uma agência para pensar para eles, e não pegar um roteiro de outro cliente e requentá-lo. Você tem usado antigos roteiros para novos trabalhos?! – perguntou Igor, irritado de um jeito que nem Isadora conhecia. Ele também aproveitou o momento para transferir para Heloisa tudo o que estava engasgado na reunião com a ex-funcionária da ALÉM+.

– Não... É que... – diz Heloisa, tentando encontrar palavras.

– Heloisa, sim ou não?! – Isadora fala alto, com as unhas mais fundas nas mãos.

– Eu pedi para a Cássia...

– Como é?!! Heloisa, isso é sua responsabilidade!

– Mas eu deixei a Cássia fazer esse *job* pra ela se desenvolver. É importante ela estar pronta para crescer. Isadora, foi isso que você sempre fez com os assistentes de criação...

– Sim, você tem razão, Heloisa. Eu sempre incentivei vocês a criar e não a pegar um roteiro pronto de algo que já existe e apresentar para outro cliente.

– Isadora, não quero saber o que você vai fazer – intervém Igor. – Em quinze minutos tenho que ligar para o Sócrates, da VoZ VivA, e dizer quais medidas já adotamos para tentar reparar esse erro absurdo. Espero sua resposta – são suas últimas palavras antes de sair da sala e bater a porta, fazendo com que a esposa decida não transar com ele pelos próximos dez meses.

– Meu Deus... Como podemos corrigir isso? Quer que eu ligue para o Sócrates? – pergunta Heloisa, nervosa.

– Não, Heloisa. Quero que você vá pra sua mesa, arrume suas coisas e saia desta empresa em nove minutos. Em dez minutos o Igor vai ligar para o Sócrates e contar para ele que você já não está mais na ALÉM+.

– Mas... Isadora... Você não pode fazer isso comigo por causa do erro da Cássia!

– Não?

– Não, por favor... Não é justo.

– Justo?! – Isadora interrompe as lamúrias da *Erva venenosa*. – Heloisa... Que engraçado... Isto que está acontecendo agora é exatamente o que fui obrigada a fazer com a Roberta um ano atrás, lembra? Pode deixar, não precisa forçar seu cérebro, eu recordo para você. Impossível esquecer-se do dia em que a então assistente de criação entrou nesta sala chorando. Essa mesma moça disse que havia errado num evento, mas que não podia ser condenada. NÃO ERA JUSTO!... Afinal, ela era apenas a assistente, estava no cargo em que podia errar. Consigo ver essa garota afirmando que, se havia algum responsável, era a Roberta, porque ela é quem estava cuidando de todo aquele *job*. Essa doce e assustada assistente, Heloisa, era VOCÊ.

– Mas, Isadora, é diferente...

– Por quê? A Cássia é assistente de criação e você era a responsável por esse trabalho. Bem, Heloisa, acho que o que aprendemos hoje é que se alguém quer dar uma de esperto é bom antes checar se não há nenhuma falha que o faça ser pego. Heloisa, só tem uma coisa que detesto mais que gente incompetente: gente BURRA. E você conseguiu ter as duas características – Isadora se sente incrível pelo seu discurso de vilã de novela do Gilberto Braga. – Por favor, saia da ALÉM+. O RH entra em contato com você amanhã.

Heloisa fica imóvel, sentada na cadeira em frente a Isadora. Na mesma cadeira que Roberta sentou um ano antes e teve o mesmo fim. "Que ironia", pensa Isadora. Heloisa não sabia que Roberta havia pedido demissão, já que a poderosa dona da ALÉM+ fez questão de dizer que ela mesma havia demitido "aquela que não podia ser lembrada e atual cliente mais importante da agência".

– Por favor, Heloisa – diz Isadora, arrogante, sem boca de tão apertados que estavam seus lábios. – Saia daqui.

XIII

Enquanto Heloisa chega à sua mesa, Isadora vai até a sala do marido e avisa que já mandou a homossexual embora. Igor e Isadora chegam rápido à conclusão de que a melhor estratégia para não perder a VoZ VivA é convidar Sócrates para um almoço em um dos restaurantes cinco estrelas da cidade. "Isso sempre dá resultado, os gerentes de empresas sempre acabam se achando o máximo e assinam os contratos sem ler", ironiza Isadora. O plano ainda inclui fazer Sócrates se sentir poderoso ao ser comunicado de que quem cuidará de todo o projeto VoZ VivA será a diretora-geral de criação, pessoalmente. O arremate será dado por Igor, quando oferecer um desconto de 10% no gordo orçamento já aprovado. O ego de Sócrates cairá sem erro na armadilha do casal.

XIV

Heloisa arruma suas coisas, que não eram muitas, e vai embora. No caminho até sua casa, para no Café Santo Grão, na Oscar Freire, e pede um *cappuccino*. A garçonete, mantendo a fama de péssimo atendimento do local, demora para trazer seu pedido, dando chance para o destino fazer mais uma das suas armações de enredo de novela.

Rebecca, a dona da agência RealMore, principal concorrente da ALÉM+ e arqui-inimiga de Isadora, entra no café e reconhece Heloisa. Elas conversam.

– Olá! – diz Rebecca, dando dois beijos nas bochechas ásperas de Heloisa. – Nossa, nunca imaginei ver uma das meninas da Isadora a esta hora aqui pela Oscar Freire. Achava que vocês ficassem em cárcere privado. – As duas dão uma rápida gargalhada.

Coincidentemente, a mesma garçonete mal-humorada do Santo Grão é fã de Rita Lee e colocou um CD cheio de músicas da cantora ruiva. Nesse exato momento, quando Heloisa ia começar a contar a mentira de sua saída da ALÉM+, estava tocando "Erva venenosa". Às vezes, as trilhas sonoras acontecem na vida dos mortais.

– Saí da ALÉM+... – diz Heloisa. Rebecca olha espantada. – Você sabe... A Isadora só sabe escrever um tipo de coisa: o *Histórias de verdade*. Nós estávamos conversando sobre a nova campanha para a MUNDO de Descontos e discordei do caminho que a criação estava tomando. Você acredita que ela escreveu DE NOVO um *Histórias de verdade*?! E eu não aguento mais isso. Fui embora. Quero criar sem restrições. E, para ajudar, a gerente de marketing da MUNDO é uma garota ruinzinha, coitada. Ela já trabalhou na ALÉM+. Era muita gente limitada junto – conta Heloisa. Rebecca gosta de ouvir isso e pede à ex-ALÉM+ que vá no dia seguinte à RealMore. "Vamos conversar", diz. Afinal, Rebecca está procurando uma diretora de criação para a conta da Promoção – uma das principais concorrentes da MUNDO. Heloisa vibra e sente que deu a volta por cima.

Heloisa só não sabe que a campanha que Roberta tinha aprovado contava que a MUNDO havia comprado exatamente a Promoção. E Roberta será gerente de marketing também da Promoção.

XV

Roberta chega em casa. Está cansada, mas ansiosa. Está tudo dando certo na MUNDO. Seu diretor, o Wagner, está contente, o que a deixa um pouco tranquila. Ao abrir a porta de seu apartamento, na Vila Madalena, Roberta ouve uma voz ao fundo: "Chegou?".
– Sim! Cadê você?
– Aqui! Aqui na cozinha!
Quando Roberta entra pela porta, uma rolha de champanhe estoura no ar. Ela ri. A pessoa que a chamou lhe dá um beijo na boca e serve duas taças de champanhe.
– Conseguimos?! – pergunta Roberta.
– Claro, meu amor. Claro – a pessoa vira-se e entrega uma taça para Roberta. Essa pessoa é Cássia.
– Não acredito! Ela foi mandada embora?
– Sim, a Rádio Peão é rápida. Já me ligaram.
Roberta abraça a namorada. Sua vingança contra Heloisa estava completa.
– Nunca mais quero pensar naquela gengivuda da Heloisa – diz Roberta.
– Será que a Isadora me manda embora amanhã mesmo?
– Não sei, não sei.. Aquela mulher é má, seca. Mas é inteligente.
Cássia vira a taça num gole só e serve mais champanhe para Roberta. A noite será longa e feliz.
No dia seguinte, Cássia será promovida a diretora de criação da ALÉM+.

2º andar

VoZ VivA

Razão social: Voz Viva Telemarketing S/A
Posição no mercado: 2º lugar
Faturamento: US$ 400 milhões
Número de funcionários: 1.315 "vendedores" em todo o país
Tempo de vida: 10 anos
Tempo de SP Centrale: 3 anos
Missão da empresa: "Vender. O cliente ouvir é o primeiro passo"

Emoção, integração e vergonha

Sabe aquele tipo que faz a gente sentir vergonha alheia? Assim é o Sócrates Roger, a nova aquisição da VoZ VivA, segunda principal marca de operadora de telemarketing do país. Apesar de deixar muitas pessoas coradas, Sócrates é visto como um grande executivo, com muito futuro no mundo corporativo, além de ser considerado extremamente criativo e proativo (se é que isso é realmente bom). Todas as suas brilhantes ideias, de certa maneira, já haviam sido apresentadas diversas vezes por inúmeros coordenadores e gerentes VoZ VivA que queriam a vaga de gerente-geral comercial. Mas... mantendo o padrão do mundo dos negócios, a empresa de telemarketing preferiu buscar no mercado sangue novo para cuidar dos mais de duzentos gerentes de projetos espalhados pelo país.

A VoZ VivA está num ano excepcional. Cresce a taxas mais que chinesas, com faturamento 40% maior que o do ano anterior. Toda a empresa caminha a passos largos e existe de verdade uma união entre as pessoas da companhia. Os "vendedores" do segundo andar do SP Centrale vestem com paixão a camisa da VoZ VivA. Cafona, né? Mas... fazer o que se eles vestem a camisa com paixão?

I

Para marcar presença e fazer bonito, Sócrates decide como será sua estreia na VoZ VivA: criar o primeiro congresso de integração de executivos da companhia. Era assim na empresa onde ele trabalhava, a temida MUNDO de Descontos (que estava alguns andares acima da VoZ VivA no SP Centrale). "Na MUNDO isso deu muito certo, entramos com o estímulo da competição entre os gerentes. Hoje a MUNDO é o que é: o primeiro lugar em varejo!", finaliza o novo gerente-geral. Essa era a única ideia em que nenhum executivo da VoZ VivA tinha pensado antes.

II

Depois de duas semanas de brigas com a ALÉM+, a agência que estava cuidando da criação do evento, começa a montagem do "1º

CIVV – Congresso de Integração dos VoZ VivA". A diretoria da empresa acreditou tanto na ideia do novo gerente-geral que foi generosa com o orçamento desse primeiro encontro: cerca de 2 milhões de reais para fazer os gerentes de projetos saírem mais que integrados. "Eles vão sair com a marca VoZ VivA tatuada na alma", garantiu Sócrates.

Os gerentes de todo o país foram convocados a viajar para São Paulo naquele fim de semana. Chegam todos no sábado à noite, dormem num hotel e passam o domingo imersos no evento. Com o tema "Olimpíadas", a agência criou uma segunda Atenas no auditório do SP Centrale. No hotel, inúmeras mulheres vestidas de deusas recepcionam os convidados, como se eles tivessem chegado ao Olimpo. Nos seus quartos, todos decorados com motivos gregos, cada gerente recebeu um kit com camiseta e roteiro do evento, mais um convite para jantares e almoços.

No translado do hotel até o SP Centrale há inúmeras mensagens motivacionais para os gerentes VoZ VivA espalhadas pelo caminho, em *outdoors* e homens-placa. Vários modelos carregam faixas com "1º CIVV – Você vai chegar ao Olimpo!" ou "Tenha sua VOZ ainda mais VIVA!", e outras no mesmo estilo cafona-integração-vergonha. Claro que os outros motoristas e pedestres de São Paulo ficaram intrigados com aquelas frases, mas continuaram suas vidas como se nada tivesse acontecido. Sócrates achava que também injetaria ânimo nos outros moradores da cidade. Ainda bem que no domingo de manhã há pouca gente andando pelas ruas que levam ao SP Centrale.

Respeitando o cronograma do 1º CIVV, os gerentes foram recebidos por um *welcome coffee* festivo, com muita música, areia no chão e docinhos que faziam lembrar elementos do mar – cavalos-marinhos, conchas, ostras com pérolas – enfim, um ambiente brega, para deixar qualquer um envergonhado. Mas esse não era o caso dos gerentes de projetos da VoZ VivA. Todos estavam emocionados com o que estavam vivendo naquele momento e felizes por estarem ali na sede da empresa, às sete horas da manhã, em pleno domingo. E todos, sem exceção, vestidos com a mesma camiseta azul cor do mar e os dizeres: "1º CIVV – seja um deus no Olimpo!". Os funcionários da VoZ VivA são muito emotivos...

O evento começa pontualmente às oito horas da manhã. Sócrates entra no palco (decorado com elementos gregos) cheio de gráficos e apresentações em cima de apresentações sobre como a empresa deve crescer. Ele divide o CIVV em dois módulos: CUSTOS e LUCROS.

III

Na primeira parte, nos Custos, Sócrates faz uma espécie de psicodrama para apresentar uma negociação entre ele, VoZ VivA e o Sr. Fornecedor. Um ator visivelmente envergonhado faz as vezes do fornecedor e vai para trás de um biombo. Começa o teatro da negociação, com texto escrito pela ALÉM+.

– Olá, Sr. Fornecedor, tudo bem?

– Sim, Sócrates. E você? – responde o ator, tendo apenas a cabeça fora do biombo.

– Tudo certo, Sr. Fornecedor. Deixe-me perguntar... O senhor quer trabalhar para a VoZ VivA?

– Sim, claro, quem não quer? É um orgulho ser fornecedor de uma das maiores empresas de telemarketing do Brasil! – o ator fica com um sorriso botox estampado na cara.

– Então, Sr. Fornecedor, vamos negociar! Para fazer parte da VoZ VivA, o senhor terá que me dar seu paletó.

Silêncio. O ator continua com o sorriso, mas fica com expressão de surpresa.

– Meu paletó?

– Sim.

– Mas, Sócrates... Como vou sair sem paletó?

– Ah, Sr. Fornecedor, não vale a pena deixar o paletó para trabalhar para a VoZ VivA?

– Bem... Sim... Ok – o ator joga, de trás do biombo, o paletó para Sócrates.

– Legal, Sr. Fornecedor, legal. Bem, meu caro Fornecedor, como você mesmo já disse, a VoZ VivA é uma das maiores e melhores do país. Então, você também sabe que tem fila de fornecedor batendo aqui na porta, querendo trabalhar para nós – o ator concorda com cada palavra de Sócrates. – Sendo assim, meu amigo, para você entrar na nossa empresa, eu quero sua calça, sua camisa, a gravata e os sapatos junto com as meias. E... – Sócrates vai até onde está o ator e olha por cima do biombo. – E quero esse relógio também.

– O relógio...? Poxa... O relógio foi herança do meu pai... – Sócrates olha fixo para o fornecedor, sem compaixão. O ator continua com seu sorriso paralisado. – Mas, bem... Trabalhar para a VoZ VivA... Ok, meu pai faria a mesma coisa – o ator some atrás do biombo e reaparece só com o braço e a trouxa para entregar para Sócrates, que pega tudo, coloca o relógio do Sr. Fornecedor e volta para sua cadeira.

– E aí, Sr. Fornecedor, você está feliz que vai trabalhar para a VoZ VivA? – o ator abre ainda mais seu sorriso forçado e balança a cabeça positivamente. – Legal, você vai ganhar muito dinheiro com a gente. Aqui está o contrato para assinar – Sócrates levanta um papel da mesa ao lado de sua cadeira. O Sr. Fornecedor faz menção de que vai sair do biombo. Um burburinho na plateia dá inicio às risadas depois que alguém fala alto: "Porra, não quero ver homem de cueca!". Sócrates continua:

– Mas antes... – O Sr. Fornecedor para. – Antes, Sr. Fornecedor... Antes vamos para sua prova de fogo. Se você quer mesmo fazer parte desta empresa... Eu quero sua cueca! – o ator tira o sorriso da cara, faz NÃO com a cabeça. – Sócrates vai para a ponta do palco e pergunta:

"E aí, pessoal, ele dá ou não a cueca?". Todos os gerentes gritam "SIIIM" repetidas vezes.

– É isso aí, Sr. Fornecedor... Quem manda é a VoZ VivA. Ou você passa a cueca pra cá, ou nada feito. Rasgo o contrato? – Sócrates faz menção de que vai estraçalhar o papel em suas mãos. O público vai ao delírio, o ator fica com cara pensativa.

– Não! Não! Não rasga o contrato! Está aqui... – o ator joga a cueca para Sócrates, que desvia e a deixa cair no palco.

– Eu é que não vou pegar em cueca! – e ri alto. – Está bem, Sr. Fornecedor. Pode vir aqui assinar. Sai daí e vem pra mesa! – a plateia chega ao êxtase.

O ator sai de trás do biombo. Inteiramente vestido, exatamente como havia entrado. Até com o relógio. Silêncio novamente. O Sr. Fornecedor senta-se na cadeira, assina o contrato, dá um tchau para a plateia e sai do palco rindo. Sócrates se levanta e fala ao microfone:

– É, pessoal... Vocês estão vendo? Moral da história: *Quando você achar que já arrancou até as cuecas do seu fornecedor, sempre tem mais alguma coisa pra pegar.* E fique atento, ou é o fornecedor que pode acabar rindo no final.

As luzes se apagam, abrem-se as portas para o *coffee break* com muitos docinhos, salgadinhos e pão com queijo frio. Na outra ponta da mesa, os gerentes podem beber sucos e café. No entanto, o que foi mais procurado foram os cantos para dar início à Rádio Peão. Unanimidade: todos acharam Sócrates do caralho.

IV

Depois de quinze minutos, o 1º CIVV recomeça, com uma música cheia de ritmo, típica daquelas aulas de ginástica de academia. Sócrates está no palco vestido de professor de educação física: moletom vermelho com três listras, camiseta regata azul, tênis e faixa branca na cabeça. O gerente-geral brinca com o público: "Vai se preparando", "Pode rir... Daqui a pouco é você". Quando todos já estavam acomodados, o volume da música baixa e Sócrates chama três professoras de academia, usando shorts bem justos, com a bunda quatro vezes maior e mais dura que a de um ser humano comum. Detalhe: não há mulheres entre os gerentes de projetos da VoZ VivA. Os homens vão ao delírio, com muitos assovios e gritos de "gostosa", "te levo pra casa", "tesuda". As garotas não ficam com vergonha. Elas tiram de letra esse tipo de comportamento masculino.

Sócrates fica entre as professoras, brincando de Mr. Universo, fazendo movimentos para mostrar músculos que não tem, ressaltando ainda mais sua barriga-melancia. Pega o microfone e anuncia uma das brincadeiras que deixaria qualquer pessoa morta de vergonha. Mas isso não acontece com os funcionários da VoZ VivA.

– Pessoal, hoje vocês vão conhecer a aeróbica do Lucro! – ele diz, acentuando bem esta última palavra. Os outros funcionários ficam sem entender o que está acontecendo. Sócrates continua:

– Todo mundo comigo, vamos lá. Em pé! Não quero ninguém sentado! Os gerentes atendem à ordem.

– Então... prontas, meninas? – elas estão sempre prontas. – Pessoal, a aeróbica é o seguinte: eu pergunto pra onde vai uma coisa e vocês dizem se vai pra cima ou pra baixo, ok?

Definitivamente, ninguém está entendendo nada.

– Vou mostrar com as meninas como se faz. Garotas, o estoque vai pra onde?

– Pra baixo! – gritam juntas e levam os braços para baixo, encostando nos pés.

– E a margem?!

– Pra cima! – novamente gritam e levam os braços para cima.

– E os custos?! – pergunta Sócrates.

– Pra baixo! – elas levam as mãos para os pés pela segunda vez.

– E o lucro?!

– Para cima! – agora, pulam com os braços para cima e as palmas das mãos bem abertas.

Ao mesmo tempo que Sócrates mostra a ginástica por meio das assistentes de palco, alguns gerentes já as imitam na plateia. Sócrates, então, vira-se para o auditório e grita, num roteiro seguido: "O estoque vai pra onde?", "A margem vai pra onde? E os custos?!", "E o LUCRO, gente?". Cada pergunta vem seguida de gritos, risadas e respostas certas: "Para baixo!", "Para cima!", "Para baixo!", "PARA CIMA!", fazendo aquelas duzentas pessoas sumirem e aparecerem todas juntas, numa espécie de *OLA* desconexa.

Sócrates pega um papel e chama quatro gerentes para o palco. Ele cola um número em cada: 1, 2, 3, 4 e pergunta para o primeiro: "Para onde vai o estoque?", que grita "para baixo!". Sócrates repete: "Para onde?". E o gerente responde novamente: "Para baixo!", levando as mãos até próximo aos joelhos. Aquele homem nunca havia feito alongamento. Sócrates bate palmas e pede ao público que também aplauda o colega no palco, que fica emocionado.

Chega a vez dos outros gerentes. Ele chama o segundo e faz a mesma coisa, perguntando sobre a margem, depois o terceiro responde sobre os custos, e o último sobre o lucro. Todos acertam, a plateia grita, assobia. Sócrates olha para aqueles quatro homens no palco e fala, com um tom de voz divertido:

– Que bom que vocês estão afinados, mas, então... Eu tenho uma questão que me deixa intrigado. Por que, Sr. Número 1, você tem o maior estoque de produtos dos nossos clientes? E você, número 2? Por que sua margem é a menor? E você? – pergunta, indo em direção ao número 3. – Por que seus custos são os mais altos? E o número 4, aqui... Sabia que seu lucro é o pior de todas as cidades?

Os quatro ficam mudos, com um meio-sorriso amarelo, com vergonha.

Sócrates pergunta para a plateia: "O que a gente faz quando nosso time de futebol perde? O que a gente faz com quem não está jogando bem?".

Como resposta, ouve-se apenas o barulho do ar-condicionado, perfeitamente ajustado à temperatura de 22 graus.

Uma pessoa dá uma pequena vaia, seguida pelos outros. A vaia fica ensurdecedora. As quatro meninas chegam segurando alguns chapéus com orelhas de burro e colocam nos quatro gerentes. Eles descem e recebem uma chuva de bolas de papel. Sócrates ri, satisfeito.

O gerente-geral espera até as pessoas fazerem silêncio. Depois começa a falar, no início sorrindo, e aos poucos mudando o tom da voz, de simpático para ameaçador: "Olha, é pra ficar com esses chapéus até o final. E isso é que nem concurso de Miss. Ano que vem, vocês têm que passar a faixa pra frente, pra outra pessoa... Não conheço miss bicampeã".

As luzes se apagam. As portas do auditório são abertas para o novo *coffee break*. As pessoas saem aos poucos, devagar. Os quatro gerentes com orelhas de burro tentam ir para o *coffee* sem que ninguém os notasse. Mas bastou colocarem os pés próximo ao balcão de sanduíches para receberem uma vaia coletiva. Sócrates ouviu do palco e ficou ainda mais satisfeito. Estava dando tudo certo.

Por causa do arquivo .ppt do palestrante que entraria no próximo bloco do evento, o *coffee* demorou um pouco mais que o tempo reservado no roteiro: vinte minutos. Aquilo bastou para Sócrates chamar a Cássia, da agência ALÉM+, e dar-lhe uma bronca, até fazê-la chorar. Fazer uma mulher verter lágrimas deixava Sócrates mais bem-humorado, praticamente zen.

As portas são abertas e as pessoas entram conversando. Os quatro gerentes com chapéu de orelha já estão sentados, mudos.

Sócrates chama para o palco um homem que fez muito sucesso com o livro *Ser feliz no trabalho é ser feliz na vida*. Vendeu ao todo seis milhões de exemplares pelo mundo e roda as empresas com palestras motivacionais ao preço módico de cinquenta mil dólares. Realmente, no caso dele, ser feliz na vida É ser feliz no trabalho.

Ken Roistcher entra e cumprimenta a plateia, num português cheio de sotaque norte-americano. Começa um discurso que parece improvisado, mas que está sendo falado no seu ouvido pela sua filha ao lado do palco, através de um ponto eletrônico. Ken conta como sempre fica emocionado ao entrar numa empresa que sabe valorizar e respeitar seus "vendedores". Fala como a VoZ VivA é feita de gente campeã, que as oportunidades estão ali, na frente de todos, ao alcance das mãos de cada um. "Basta querer e trabalhar para isso", garante o palestrante. Depois de muito discurso caindo para o emocional-óbvio-babaca, Ken conta que cada gerente ganhará um livro seu autografado (pago pela empresa, mas fora do pacote de cinquenta mil dólares) e olha para Cássia, da ALÉM+. Aquele era o sinal para colocar um vídeo. Ele agradece a presença de todos e pede atenção para o filme que trouxe para fechar sua palestra. Ken checa o relógio. Exatos trinta minutos de exibição de seu livro. "Perfeito, detesto quando perco mais tempo com essa gente", pensa.

Começa o vídeo, que mostra uma família feliz com um bebê e que perde tudo depois que o marido deixa de trabalhar. Algum tempo depois, o bebê cresceu e virou uma linda menina de cinco anos. Corta. A próxima cena mostra essa criança esperando pelo pai em casa, dormindo no sofá. Amanhece e ela ainda está lá. A mãe acorda e vê a filha na sala. A garotinha é aninhada no colo da mãe, que, sorrindo, conta: "Papai viajou para trabalhar" e pergunta: "Você sabe, não é? Qual é a coisa mais importante das nossas vidas?". A menina sorri, esfrega os pequenos olhos e diz: "O trabalho do papai". As duas se abraçam, a mãe coloca a filha no chão e saem andando de mãos dadas. "Trabalhar é ser feliz" é o *lettering* que fecha o vídeo. Todos aplaudem com um nó na garganta. Alguns até choram. Ken não está mais no palco.

VI

Quando se acendem as luzes, Sócrates entra em cena vestido de calça jeans e com a camiseta do evento. Tem nas mãos um cavalo de cabo de vassoura, daqueles que divertiram muito as crianças antes da chegada do videogame. Ele deixa o cavalo, que está cheio de plumas na cabeça, numa base para ficar em pé. Sócrates pergunta se as pessoas estão curiosas sobre o cavalo e conta que apenas no final vão entender o que é aquilo.

Ele diz que tem uma nova surpresa. Nesse momento, começa a passar um filme com alguns gerentes que estavam fazendo dez anos de VoZ VivA. O vídeo mostra cenas de fotos desses homens com suas famílias, pequenos trechos de entrevistas com os colegas, fotos dos gerentes trabalhando. Mais choradeira na plateia. Eram doze gerentes que estavam na empresa desde a sua inauguração. Entre eles, os quatro que receberam os chapéus de burro. Ao terminar o vídeo, Sócrates faz um pequeno depoimento com a voz embargada e que parecia verdadeiro, mas estava no roteiro escrito pela ALÉM+. No final, conclui: "Cara, vocês... Esse time de doze pessoas que vestem mesmo a camisa da empresa... Porra... São vocês que me motivam a vir trabalhar todos os dias. Obrigado". A plateia aplaude em pé. As portas do auditório abrem com duas *drag queens* e dois palhaços que vão entregar o crachá de ouro (que de ouro não tinha nada) para os doze executivos com dez anos de casa. Todos cumprimentam os gerentes e tiram fotos com os palhaços e as *drags*, que ficam falando bobagens para aquele monte de homem homofóbico. "Pelo menos pra fazer a gente rir eles servem", comentaria Sócrates mais tarde, com um ou dois diretores da empresa.

Os "artistas" deixam o auditório. Sócrates apresenta o último gráfico do dia. Uma tela com o logo 1º CIVV aparece no telão e o gerente-geral começa a falar com os "vendedores" da Voz VivA com tom de pai dando conselho ao filho que faz tudo errado. Sentado no chão do palco, ele diz quanto a VoZ VivA dá e trabalha para aqueles gerentes e pede que eles reflitam sobre quanto estão dando em troca. "De verdade, gente, pensem um pouco", pede Sócrates, com olhar triste. Os duzentos gerentes ficam com dor na consciência, todos acham que poderiam trabalhar mais para o lucro ser maior. Sócrates diz: "Eu tenho um sonho... E quero que esse sonho seja o de vocês também. Quero que a VoZ VivA termine este ano com o dobro de faturamento que nós tivemos ano passado. E isso é possível". Sócrates fica em pé, começa a andar de um lado para outro, aumentando a força e o volume da voz, ficando mais e mais excitado. "E isso é possível, porque nós temos a MELHOR EQUIPE de vendas do país!". A plateia delira.

Sócrates pergunta: "Vamos dobrar o faturamento?!". A resposta é "SSSIMMMMMMMM". Ele repete a pergunta mais algumas vezes, e em todas o "SIM" é cada vez maior, mais pilhado. Mais alto que os gritos que as duas *drags* dariam se a Madonna fizesse show aqui pelos trópicos.

– Então, pessoal... – diz Sócrates, indo em direção ao cavalo de cabo de vassoura. – Todos nós sabemos que vamos dobrar os números da empresa. Mas, para que isso aconteça, não podemos ter último lugar. Este cavalinho aqui é o nosso *Cavalinho-unicórnio*. O que significa *Cavalinho-unicórnio*? É aquilo que gostaria que existisse, mas não passa de lenda. Ou seja, é aquele gerente que parece ser um profissional VoZ VivA, mas não está dando tudo o que pode, não está trazendo os melhores resultados para a NOSSA empresa!

Ele pede que todo mundo faça um corredor, com uma pessoa na frente da outra. Fala que o gerente que ficou em último lugar no ranking de vendas da VoZ VivA vai ter que passar por todo o salão andando no *Cavalinho-unicórnio*. E só lembrando: o unicórnio continua sendo lenda, mas esse é mesmo o pior vendedor de todos.

As pessoas entram no espírito do gerente-geral e formam o corredor polonês. Sócrates chama o "Vendedor VoZ VivA" em último lugar. Era o mesmo que tinha o chapéu de burro número 2 e que ganhara o crachá de ouro de dez anos de empresa. Ele sobe ao palco rindo, sem muita vergonha, pega o microfone, faz uma piada e diz: "Vou dobrar o faturamento da VoZ VivA! Minha filha vai ficar orgulhosa de mim e ano que vem não vou nem ter chapéu nem andar a cavalo", promete para si mesmo e para todos no salão. Sócrates entrega o *Cavalinho-Denorex*. O gerente anda pelo corredor com todo mundo dando tapa na sua cabeça. Ele fica vermelho, mas não fica envergonhado. Afinal, está entre amigos.

Sócrates ri. Chama as professoras e faz mais uma vez a aeróbica do Lucro. Pede a todo mundo que se abrace e pergunta se as pessoas estão animadas. Resposta: "Simmmmm". Ele continua:

– Vamos dobrar o faturamento?
– Simmmmmmm! – respondem todos numa só voz.
– Legal, pessoal. Última pergunta, pra saber se está todo mundo mesmo com tesão pra dobrar o faturamento... Vamos lá, hein? Quero resposta verdadeira! – Sócrates ri e fala mais alto, dando até microfonia:

– PESSOAL, TÁ TODO MUNDO DE PAU DURO AQUI?

– SIMMMMMM.... – gritam, depois de segundos de dúvida sobre o que responder. Nesse instante, alguém da plateia tão motivado quanto o gerente-geral pergunta:

– E você, Sócrates?!! Também está de pau duro?

– Eu...? – Sócrates hesita, mas responde:

– SIMMMMMMMM!

– Porra... então deve ser muito pequeno... não dá para ver nada!

Todos riem. Sócrates fica um pouco vermelho, mas mantém a pose. As três meninas estão morrendo de vergonha no palco, até porque elas olharam para conferir e não encontraram nada mesmo.

VII

As pessoas saem entusiasmadas e, pior, saem entusiasmadas de verdade. Todos vão direto para o hotel pegar as malas e voar de volta para suas cidades. Todos, literalmente, vestidos com a camisa da empresa. Ficou apenas uma dúvida: o que tinha a ver o tema Grécia com o evento?

No fim daquele ano, a VoZ VivA terá o maior faturamento da sua história. O *Cavalinho-Denorex* já tem seu emprego garantido para o 2º CIVV.

O gerente-geral conseguiu a simpatia de toda a diretoria da VoZ VivA e já se cogita uma promoção para o jovem executivo. Há apenas um ponto em que Sócrates está desconfortável. Ele passou a ser chamado pela Rádio Peão de "O Pau Pequeno".

3º andar

BelaBeauty&Cia

Razão social: Produtos de Beleza Bela Cosméticos S/A
Ranking *Revista Money S/A*: 33º lugar
Lucro: R$ 1,2 bilhão
Número de funcionários: 800 colaboradores e 2.000 associadas-revendedoras-porta-a-porta
Tempo de vida: 12 anos
Missão da empresa: "A beleza da natureza na pele das nossas consumidoras"

Números e beijos errados

A nova diretora de contas VIPs da agência ALÉM+ já estava sem unhas para roer. Ela estava esperando na sala de reunião da BelaBeauty&Cia Cosméticos (eba! Mais inglês com português!) a chegada da diretora de logística da empresa de beleza. Uma conta bem importante para a ALÉM+. Uma conta importante e bem chata.

Manoela, a tal diretora de contas VIPs da ALÉM+, aguardava ali pelo *briefing*, pela reunião de *start* do maior *job* de que ela cuidava. Aquele seria o teste final para justificar sua contratação e seu salário de muitos dígitos. Ela sabia disso. E seu chefe, o velho Igor, também – tanto que ele foi pessoalmente ver o desempenho da sua nova pimpolha. "Acho que essa não segura o rojão", sentenciou ele em silêncio ao lado de Manoela naquela sala de reunião com temperatura perfeita, cheia de pôsteres de antigas campanhas da BelaBeauty que faziam as vezes de "projeto memória" do endomarketing da empresa de cosméticos.

I

Uma loura que queria parecer ter 25 anos abriu a porta da sala de reunião com seu crachá pendurado no pescoço. Além de uma foto 3x4 bem mal tirada, o crachá gritava o nome da sua dona: Eliana Queiroz. Como nas novas empresas modernas, também na BelaBeauty crachá e cartão de visita não trazem o cargo das pessoas. A Rádio Peão diz que é pra evitar sequestro, mas a verdade é que o RH descobriu que diminuir caracteres no crachá e no cartão de visita economizam na gráfica. Como tem gerente de RH que gosta de aparecer bem na foto e mostrar o quanto pensa na produtividade da empresa... Sono.

– Olá, prazer, eu sou Eliana Queiroz – disse, esfuziante e simpática, dando dois beijos estalados nas bochechas rosa de Manoela.

– Prazer – respondeu a gerente, retribuindo os beijos em Eliana.

Igor assistiu a tudo com certa estranheza diante da simpatia exagerada de Eliana. Aquela era a terceira pessoa que ele colocava no atendimento da conta da BelaBeauty – ninguém na agência aguentava muito tempo as cobranças exageradas da "cliente" Eliana. Mas nada como ser amigo de charuto do presidente da empresa de cosméticos. Uma tragada aqui, um uísque ali e Igor deu o recado ao amigo-chefe-de-Eliana: "Sua diretora de logística é um porre". Talvez daí venham tantos sorrisos e beijos estalados da loira que não quer perder o emprego com salário de cinco dígitos.

— Estou *superanimada* com esse novo *job*! Muito bacana! – dizia Eliana, cheia de pontos de exclamação, para mostrar quão fofa ela consegue ser. Manoela chegou a achar que eram exageradas as histórias que a Rádio Peão contava a respeito de Eliana. Diziam que até Isadora, a dona-bege da ALÉM+, chorou por causa da diretora da BelaBeauty. E olha que Isadora não chorou nem vendo o filme do ET.

De repente, uma bandeja cheia de cafés, águas e uvas entrou pela sala. Igor percebeu que Eliana realmente havia entendido o recado que ele tinha mandado pelo presidente: "Me trate bem que eu deixo você existir".

II

E Manoela e Eliana se encontraram. E Eliana e Manoela se amaram. "Obrigado, Santa Perua da Oscar Freire!", pensou Igor. Firula pra lá, firula pra cá, diretora de contas VIPs, cliente e dono de agência seguem para a reunião em si para falar do tão aguardado *job*.

Manoela tem uma crise de criatividade e consegue impressionar Eliana – e a Igor também – sobre campanhas internas para os funcionários se sentirem ainda mais integrados com a expansão da empresa. "Somos muito preocupados com o bem-estar dos nossos colaboradores", jura a diretora de logística. Ela é até mais profunda: "Eu acredito que quando um associado (não seria colaborador?) faz seu trabalho com amor e carinho, nossas clientes percebem essa energia, entende?". Não, Igor não entendeu, mas fez de conta que sim. Manoela parece não ter acreditado no que ouviu, mas chegou a ficar com lágrimas nos olhos para se mostrar emocionada (vale contar que Manoela fez curso de teatro corporativo como aula extra na faculdade). E, sim, Eliana usou as palavras "amor" e "carinho". E "energia" também. Eliana realmente faz meditação transcendental com um guru indiano que cobra apenas quinhentos dólares a hora da energia cósmica azul. Eliana é do tipo que usa patuá na carteira, vive preocupada com o risco de sua arruda secar, faz mapa astral anualmente, acende vela para os orixás, reza para todos os santos, segue a cabala e coloca pedras de cristal com sal num copo d'água toda sexta-feira de lua cheia. Eliana é o que se chama de astral. Amém.

– Ai, Manu – Eliana, já íntima, fala para a nova amiga-mais--amada-de-currículo –, tô *superfeliz* de trabalharmos juntas! Nem acredito que vamos viajar o Brasil inteiro gravando nos centros de distribuição da BelaBeauty! Seremos uma dupla de melhores amigas, hein! – falou Eliana, com ainda mais pontos de exclamação. (Pergunta: alguém realmente fica feliz em viajar pelo Brasil para ver centros de distribuição de varejo? Eliana parece que sim – ou ela também fez aula de teatro corporativo?)

– Ah, Eli – Manoela entrando também no jogo da intimidade da cliente –, eu amei conhecer você. Agora o *job* será ainda mais legal. Temos que colocar um dia a mais em cada cidade pra sairmos às compras!

– E vou providenciar kits de protetor solar da BelaBeauty. O Nordeste é péssimo pra pele – completa Eliana, dando dicas de beleza.

– Imagina, Eli! Sua pele é incrível!

– Ai, brigada...

– Não, sério! Olha só pra você. Tá ótima, *superjovem*!

– Jura? Ai, que bom ouvir isso... – Eli, ou melhor, Eliana fica encabulada.

– Verdade!

– Manu, *brigada*... Quantos anos você acha que tenho? – a cliente riu, colocando as mãos na cintura.

– Ah, esquece idade, o importante é que você *tá* ótima!

– Vai, boba, chuta!

– *Tá* bom... Sei lá... Quarenta e cinco?

Silêncio.

– Não, Ma-no-e-la, tenho trinta e oito – respondeu Eliana (e não mais Eli), a cliente, seca. – Bem, obrigada pela reunião. Aguardo o cronograma para agilizarmos as gravações.

Eliana estendeu a mão para a diretora de contas VIPs e para o dono da agência – que fez bem em não falar nada. Ele achava que a cliente tinha cinquenta anos. Não houve beijos estalados de despedida, nem mais frases cheias de ponto de exclamação.

A antiga Eli não pediria para trocar de atendimento. De jeito nenhum. Manoela era boa no que fazia, e a cliente sabia disso. Eliana preferiu ser mais astral. Ela preferiu devolver toda e qualquer energia negativa que sentira na reunião, toda e qualquer inveja de Manoela, para a própria Manoela. Eliana sabia como transformar a vida de Manoela num inferno nos quarenta e cinco dias em que viajariam juntas. Nesse caso, o número quarenta e cinco estava certo.

4º andar

GoldenBank

Razão social: GoldenBank of World S/A
Posição no mercado: 3º lugar
Lucro: US$ 20 bilhões
Número de funcionários: 1.200 "profissionais GoldenBank" no Brasil
Tempo de vida: 8 anos no país
Tempo de SP Centrale: 3 anos
Missão da empresa: "Desenvolver o melhor ganho de capital para o cliente, com responsabilidade e diversificação"

Formigas, corujas, cigarras[1]

Eduarda tinha duas coisas quase em extinção no mundo corporativo: prazer no que fazia e autonomia de trabalho. Os domingos não eram tristes para ela, e a música de abertura do *Fantástico* não a deixava deprimida ao lembrar que o dia seguinte seria segunda-feira. Duda, como gostava de ser chamada, cantava toda manhã no banho quando se preparava para ir em direção ao quarto andar do SP Centrale.

Eduarda trabalhava no GoldenBank, um dos bancos de investimentos mais *private* do país. Para ser um cliente era preciso um investimento mínimo de um milhão de reais.

Com a mente brilhante e livre de qualquer tipo de mágoa com a empresa, Duda teve um *insight* "bem interessante", conforme disse o diretor da área em que trabalhava. Havia, segundo suas pesquisas, cerca de três milhões de pessoas no país que tinham 900 mil reais e viam no GoldenBank uma forma de *status* pessoal. Eduarda criou uma estratégia para atrair esse público. O diretor gostou da ideia, mas não queria perder um segundo sequer com esse tipo de cliente. Eduarda teria que fazer tudo sem ajuda de ninguém. Ela topou.

Durante um ano, a boa Duda trabalhou feliz sozinha. Conseguiu cerca de cem clientes com 900 mil cada um e, ao longo de doze meses, tinha conseguido cerca de 40% de rendimento nas contas deles.

No final do ano, na avaliação de resultados, Eduarda havia ultrapassado em cerca de 500% seu PMI – Plano de Metas Individual, que fazia o cálculo do bônus de cada "profissional GoldenBank". Todas as metas pessoais de Eduarda tinham sido mais que alcançadas e seu bônus seria três vezes maior que o original. Aquilo atraiu a atenção de todos os DIRETORES, que quiseram verificar o que Duda efetivamente fazia.

Ao analisarem o trabalho de Eduarda, descobriram que seus clientes haviam sido os mais fiéis do ano; os que menos exigiram CRM da empresa – jantares, presentes etc. –; e os que tiveram melhor retorno nos investimentos.

---

[1] História baseada no conto "Formiga", que invadiu a Internet nos anos de 2005 e 2006. Autor desconhecido.

Tantos bons resultados deixaram a diretoria em polvorosa. Para entender tudo aquilo, resolveram contratar uma consultoria para estudar o mercado que Eduarda havia descoberto. Eles chamaram a RRS Consultoria & Associados (adivinhe onde é o escritório dessa consultoria: isso mesmo! No SP Centrale). A RRS preparou uma série de questionários para Eduarda responder.

Dois meses depois de intensa pesquisa e trabalho, a consultoria apresentou um interessante resultado, num documento de mais de trezentos *slides* de PowerPoint. Em suma, eles apontavam que o público que possuía 900 mil reais era cerca de três milhões de brasileiros, os quais consideravam o GoldenBank um *upgrade* em seu *status*. Onde foi mesmo que vimos essa informação?

Como finalização de seu trabalho, a consultoria indica que o GoldenBank estruture uma equipe para cuidar dessas contas, pois o público está aí para ser fisgado. Foi sugerido que o banco contratasse um gerente para cuidar da área, que tinha apenas Eduarda.

Para isso, o GoldenBank chama uma das maiores agências de *headhunter* mundial (sem escritório no SP Centrale), que recruta um dos gerentes com currículo mais extenso de seu banco de dados. Só MBA ele tinha dois concluídos, um em Chicago e outro em Londres. Falava mais de três línguas – nível "avançado" em todas, segundo o currículo; havia cursado a melhor universidade de administração do país; e só usava ternos Hugo Boss. Por mais estranho que possa parecer, o gerente não tinha nenhuma experiência profissional prática em seus 30 anos. Muito menos havia gerenciado uma equipe de verdade – o mais próximo disso foram os trabalhos em grupo em seus MBA e os jogos online de O *Aprendiz*.

O gerente, que foi para o GoldenBank com um salário cerca de cinco vezes maior que o de Eduarda, desenvolveu uma grande estratégia de comunicação para atingir o público que tinha 900 mil reais para aplicar. Foi chamada a AGÊNCIA ALÉM+ para desenvolver todos os eventos, logos e campanhas pensadas pelo gerente. Este, por sua vez, passou a ir às reuniões de estratégia do banco, que aconteciam todos os dias das 9h às 11h30. Depois, o gerente precisava despachar com o DIRETOR todas as segundas, quartas e sextas à tarde. Fora as reuniões de integração e *workshops* de que passou a participar todas as semanas. Um mês depois, o gerente passou a viajar uma vez por semana para o Rio de Janeiro e a cada quinze dias para Nova Iorque, onde fazia parte dos ELIGs – Encontros de Líderes Internacionais GoldenBank.

Resultado: Eduarda não conseguia ver seu novo chefe direito e algumas ações começaram a demorar a sair do papel, já que ela não tinha mais autonomia para decisões que exigiam agilidade, como, por exemplo, o que fazer com as aplicações dos clientes. Mas o gerente não via isso como ponto importante na sua agenda. "Clientes podem esperar, estou me desenvolvendo para cuidar melhor do dinheiro deles", falava por telefone para Duda. Também por falta de tempo do gerente, a agência não conseguia colocar no ar toda a brilhante campanha que haviam criado – acredita que os criativos da agência "sacaram" que o GoldenBank dava sensação de *status* para os clientes com 900 mil? Incrível a inteligência do pessoal dessas agências...

Para melhorar o fluxo de trabalho, o gerente pediu ao RH que contratasse no mercado um coordenador de marketing e uma secretária. Eduarda ficaria ligada ao coordenador.

O novo coordenador pediu um computador mais veloz para abrir as propostas de campanha da agência que não saíam da ideia. Ele, o COORDENADOR, não gostou da criação e marcou um novo *briefing*. Depois de um dia inteiro na agência, o coordenador preparou uma apresentação de impacto para seu gerente e seu diretor verem e aprovarem. Durante o tempo em que estava preparando a apresentação, o coordenador ficou incomunicável. Eduarda também não conseguia falar com o coordenador para resolver algumas pendências dos clientes de 900 mil.

Duda já não estava tão feliz; não cantava mais todos os dias no banho; a abertura do *Fantástico* começou a deixá-la deprimida domingo à noite; e seu tédio só melhorava quando a folha do calendário marcava sexta-feira. O coordenador começou a perceber a falta de tesão de Eduarda. Ele chegou a comentar com o gerente numa reunião de líderes que Eduarda era meio "morta".

O RH chegou com mais uma boa novidade para Eduarda: o programa de *trainee* daquele ano. Trainee, para quem não sabe, é um título mais metido para estagiário. A diferença é que, em um estágio, a pessoa trabalha feito camelo e quando ganha algum salário é pouco, bem pouco, praticamente nada mesmo. Enquanto num programa de *trainee*, não; esse é feito para jovens recém-formados que nunca trabalharam, mas que são vistos pelo mercado como promessas de novos Bill Gates. Por isso, devem ser tratados como tal. Recebem anos de treinamento dentro da empresa – geralmente seus "treinadores" são pessoas que nunca conseguem um aumento, muito menos promoção – mas servem para ensinar seu futuro chefe. Estranho, não? Outra diferença entre estagiário e *trainee* é o salário. Se o primeiro morre de fome, os ganhos de *trainee* ultrapassam três mil dólares e já têm garantido o bônus na folha de pagamento. O *trainee* é uma espécie de "pré-executivo" e raramente termina seu programa sem ser efetivado, no mínimo, como coordenador. Não se exige muito deles, afinal podem errar, devem errar e superar seus erros. Aliás, são estimulados a errar. Pena que isso não seja verdade também para os reles mortais do mundo dos negócios.

E, claro, sobrou para Duda participar das fases da seleção de *trainees*, deixando três finalistas para o coordenador e o gerente escolherem para a vaga. São dois meses de intensos testes até chegarem à dinâmica de grupo supervisionada por Eduarda para a escolha dos finalistas. O RH faz questão de lembrar: "Vale a pena participar, pois é muito legal ver essa juventude que está chegando e que um dia sentará na sua cadeira para você poder progredir na empresa". Aham...

Eduarda participou de todos os pontos do programa de *trainee*. Num deles, ficou chocada. Um CONSULTOR, que ganhava quinze vezes o salário de Duda por semana, desenvolveu um jogo de cartas em que os CANDIDATOS A *TRAINEE* se dividiam em grupos de cinco e cada um recebia um envelope com regras daquele jogo. Cada envelope trazia uma personagem que seria interpretada pelo CANDIDATO. E mais um aviso: existe um SABOTADOR no grupo e você deve descobrir quem é. Aquilo demorou uma tarde inteira. Só faltou os candidatos se agredirem fisicamente, já que todos os outros tipos de agressão aconteceram e foram estimulados pelo CONSULTOR. No final do dia, cada candidato teve que indicar quem seria o SABOTADOR de seu grupo. Aqueles que tivessem o maior número de votos seriam separados dos CANDIDATOS. O CONSULTOR anunciou: "Apenas amanhã saberemos quem é o SABOTADOR de cada grupo".

Às 8h do dia seguinte, todos os envolvidos com o programa *trainee* estavam no auditório do SP Centrale para saber quem eram, afinal, os sabotadores. O consultor calmamente contou que não havia nenhum sabotador. "Estão vendo como nós mesmos criamos os sabotadores do nosso dia a dia?" Todos riram, até ele avisar que os cinco candidatos que haviam sido eleitos sabotadores estavam fora do programa. A Rádio Peão explicou mais tarde que, segundo o consultor, esse jogo serve para separar candidatos com desvio de conduta.

Com os três finalistas para a vaga de TRAINEE para a área de clientes de 900 mil, Eduarda conseguiu marcar a entrevista final com o coordenador e o gerente. Ela encontrou uma brecha na agenda deles, entre a quarta edição daquele mês do ELIG e a viagem do gerente e do coordenador para Madri, onde conheceriam um novo modo de CRM que o escritório espanhol estava usando (e que com certeza não teria nenhuma utilidade no Brasil).

No papo com os TRAINEES, o GERENTE fez apenas três perguntas:
1) Você namora?
2) Você pratica algum esporte?
3) Você já brigou com alguém?

As respostas foram as mais diversas, engraçadas e sem sentido possível. A TRAINEE1 fez questão de reforçar quanta importância dava à estabilidade numa relação amorosa e como aquilo era espelho de seu modo de trabalhar com fidelidade à empresa. O TRAINEE2 contou todas as porradas que tinha dado desde os seus três anos de vida – a última tinha sido na noite anterior, num show no centro de São Paulo. O TRAINEE3 respondeu que jogava xadrez e que aquele era o único esporte que o interessava, já que desenvolvia o órgão que realmente importa no corpo humano: o cérebro.

Depois que acabaram as entrevistas, ficaram na sala o gerente, o coordenador e Duda. Ela quis saber o porquê daquelas perguntas. O gerente explicou:

1) Prefiro quem não namora, quem é solto. Prefiro gente que curta só a pegação, assim não tem problema se precisar viajar.

2) Só contrato quem pratica esporte de grupo: futebol, vôlei, basquete. Esporte de time. Essa coisa de veadinho de musculação, ou essa gente

solitária de natação... Tô fora. Quem gosta de esporte de verdade sabe trabalhar em equipe.

3) Gosto de ter gente na equipe que curta sair na porrada. Isso mostra que ele ou ela briga pelo que quer.

O COORDENADOR concorda com o GERENTE e fica que nem uma foca doida batendo palma para o peixe estragado. Ele diz coisas do tipo: "Porra... Tem razão... Tá certo... Não tinha pensado nisso antes... Do caralho...".

O GERENTE pergunta para Eduarda o que achou de sua técnica de entrevista. Ela diz que nunca passaria numa entrevista de emprego com ele. Primeiro, tem um ótimo casamento e adora seu filho de cinco anos. Segundo, apesar de estar em forma, nunca entrou numa academia e "Deus me livre jogar qualquer coisa". Terceiro: jamais brigou com alguém.

Um silêncio de certa maneira constrangedor toma a sala. O GERENTE diz que vai resolver qual será o *TRAINEE* e avisará os dois.

O dia seguinte chega e o GERENTE manda Eduarda embora, dizendo que ela está muito desmotivada, e que precisa de uma equipe com garra, com vontade de crescer. O *TRAINEE* ocupará o lugar de Eduarda.

Oito meses depois do GoldenBank ter gasto mais de duzentos mil dólares com a CONSULTORIA, a área de clientes de 900 mil não ia muito bem. Na reunião de fim de ano de estratégia, a diretoria chega à conclusão de que não vale mais a pena ter a área de investimentos de 900 mil reais. O número de clientes baixou de cem para dezoito, o rendimento tinha caído e não havia perspectiva de aumento de carteira em curto prazo.

No fim, a área acabou desmontada. O GERENTE foi absorvido por outra parte do GoldenBank, o COORDENADOR recebeu uma promoção, virou GERENTE e mudou para o escritório do Rio de Janeiro. A AGÊNCIA, a ALÉM+, embolsou uma gorda remuneração por uma campanha que nunca foi ao ar e o *TRAINEE* foi dispensado depois de ter saído na porrada com a SECRETÁRIA.

Eduarda, hoje, está em uma nova empresa bem longe do SP Centrale, onde é feliz e tem autonomia de novo. Ela voltou a cantar todos os dias no banho da manhã. Seus resultados são ótimos e sua DIRETORA não pensa em contratar uma CONSULTORIA. Definitivamente, não. A DIRETORA acha melhor ir direto para a contratação de um GERENTE para desenvolver a área de Eduarda, que tem crescido muito.

5º andar

Grama Verde Agricultura

Razão social: Grama Verde Empresas Conjuntas Agrícolas S.A.
Ranking *Revista Money S/A*: -
Faturamento: R$ 22 milhões
Número de funcionários: 32 advogados mais 30 funcionários
Tempo de vida: 44 anos
Missão da empresa: "O Direito dos nossos clientes em primeiro lugar. Sempre."

Quanto custa um celular?

Depende. Depende se o comprador for o dono da importante Grama Verde Empresas Conjuntas Agrícolas. Errei. O dono, não. O presidente. Afinal, a Grama Verde lançou o IPO, e, agora, os donos são os acionistas que disputam seus papéis na Bolsa.

Silvio Guilherme Trevoli, o filho pródigo da importante família do interior de São Paulo, é aquele que carrega o crachá de "presidente" de uma das mais importantes empresas do futuro verde-amarelo, a agricultura brazuca. Até que ele manda bem, entende do riscado da terra, aprendeu direitinho com o pai e o avô como vender fertilizantes, maquinários e, claro, a fazer usinas e mais usinas que vão salvar o mundo do petróleo e fazer tudo que é área produtiva plantar a cana-de-açúcar. Bem, mas aí é outra história.

O Sr. Trevoli é até querido pelos funcionários da Grama Verde (Meu Deus, que nome de empresa é esse?). É simpático, dá "ois" e "olás" para todo mundo que cruza seu caminho e consegue conduzir bem uma reunião com seus executivos. Mas nem tudo é assim tão delícia na Grama Verde. Não. Silvio Guilherme Trevoli fez a besteira de se casar com Áurea Burlamaqui de Aquino, filha de outra importante família do interior paulista, que investe em leite. Áurea foi criada no meio das vacas e se nega a ser uma delas. Áurea queria mesmo era morar em Miami, mas teve que se contentar com uma daquelas casas grandes do tal bairro que atende pelo nome de Morumbi. Áurea é do tipo que acha o lado de lá do rio Pinheiros chique. Bem, mas aí é outra história.

Áurea era a queridinha do vovô, a queridinha da vovó, a coisa mais rica do titio. Filha única, era a dona da casa. Dona, não, rainha. Sempre chamada pelos pais de "princesa", Áurea sabia que ela não tinha vindo para o mundo dos vivos à toa. Não, senhora. Não, senhor. Áurea era mulher que acreditava nas vilãs das novelas, seu único ponto de contato com o mundo durante toda a sua juventude. Na infância, não existia cinema perto das fazendas da família, e Áurea não perderia tempo lendo livros. Então, suas heroínas eram as chatas mocinhas das novelas de época e suas referências verdadeiras estavam nas mulheres más dos folhetins televisivos. Áurea não gostava da Regina Duarte. Ela preferia a Suzana Vieira e a Joana Fomm. Áurea tem um quê de Isadora-Bege--ALÉM+: as duas são muito histórias de novela.

E os únicos lugares em que Áurea podia brincar de Maria Antonieta era nas terras dos pais, na casa que dividia com a mosca morta do marido e, claro, na Grama Verde que habita o quinto andar do SP Centrale. Áurea amava passar uma ou duas vezes por semana no escritório da empresa para infernizar as coitadas das secretárias e dos gerentes, que eram obrigados, pelos altos salários, a aguentar aquela mulher que diziam que parecia um morcego. Nariz fino, dentinhos finos, orelhas finas, dedos finos. Uma fineza de pessoa.

Era chegar às instalações da Grama Verde e – olha a Isadora-Bege aqui de novo! – o personagem de O diabo veste Prada nascer – sim, agora Áurea já conhece as vilãs do cinema. Aliás, seu guarda-roupa só tem Prada desde o lançamento do filme com a Meryl Streep. Definitivamente, ela não entendeu O diabo. Áurea descia do carro primeiro com o pé direito, acreditando que tinha uma câmera filmando tudo, e saía andando como a personagem do filme. Bem, mas aí é outra história.

I

Naquele dia 23 de dezembro, Áurea não só chegou ao escritório de surpresa, como também levou seu pequeno monstrinho a tiracolo. O pequeno monstrinho atende pelo nome de Éder Amilson Burlamaqui de Aquino Trevoli e, dizem, será preparado para ocupar o trono, digo, a cadeira do pai. Ué, peraí... A Grama Verde não é uma empresa de capital aberto, com sérias regras de transparência? Os acionistas não deveriam opinar sobre o nome do futuro presidente da empresa? Bem, mas aí é outra história.

O monstrinho, o Éder Amilson, chegou com seu celular último modelo que o pai lhe dera de presente de Natal antecipado. Claro que já havia quebrado o moderníssimo visor de cristal líquido. Apesar de já ter doze anos, brincava como uma criança de seis... dedos. Quebrava tudo. E cada vez que destruía alguma coisa, não tinha problema. Recebia apoio da rainha-mãe e do bobo da corte, o pai. Éder Amilson era a exata alquimia do que pode existir numa procriação à la bebê de Rosemary. Ele, a criançamonstro, era a cara do pai – daí ninguém questionar a fidelidade da esposa – com a alma da mãe. O rosto lembrava um sobrevivente de um desastre de trem, os olhos eram grandes, bem-grandes-para-te--ver-melhor, castanho-claros, quase amarelos. Ele geralmente assustava muito os coleguinhas da escola. E as pessoas da Grama Verde também.

Áurea se aproximou da mesa da secretária sênior – uma jovem de trinta e cinco anos fadada a morrer naquela baia do SP Centrale.

– Kátia, o Éder Amilson quebrou o celular. Mande consertá-lo, urgente. Viajamos para o Caribe no dia 4 de janeiro e ele quer levar seu novo brinquedo. E você sabe que um pedido do príncipe herdeiro é uma ordem, não é? – assim, sem nenhuma claquete, Áurea deu ordens para a secretária. E a tonta da Kátia não falou nada. Aceitou a incumbência e saiu correndo pela empresa com o bicho-celular-do-monstro nas mãos, procurando ajuda entre os colegas.

Ela parou à mesa do gerente de suprimentos e pediu socorro. Explicou a situação. A resposta dele, obviamente, foi: "Mas, Kátia, hoje é dia 23 de dezembro, nenhuma assistência técnica vai abrir só pra arrumar o celular desse moleque bobo". Bem, mas aí é outra história.

II

Kátia suplicou, lembrou dos olhos do menino-lobo-mau e saiu com o gerente de suprimentos pelos outros corredores até chegar à área de marketing – afinal, o marketing ganha tantos brindes de fim de ano que deve ter vários bons contatos. Falando com os dois assistentes de marketing – a gerente já havia se mandado para o Rio de Janeiro para ver os fogos de Copacabana –, chegaram à conclusão de que aquela era a tarefa mais difícil do ano – mais até que bater a meta de vendas. Os dois assistentes entraram na Internet e saíram à caça de assistências técnicas por toda a cidade. O gerente de suprimentos ligou para a *Informática*. "Eles compram tudo que é equipamento para a empresa. Devem conhecer alguém", concluiu, enquanto Kátia rezava e fazia pensamento positivo.

Alguns minutos depois, tentavam resolver o problema do celular quebrado: os dois assistentes de marketing; o gerente de suprimentos; duas pessoas da *Informática* que foram colocadas no caso; a copeira, que estava passando e resolveu ficar; o gerente financeiro, que ouvia conversa alheia e foi ver de perto se ninguém usaria verba da empresa para pagar o celular; e, claro, Kátia, a secretária-chapeuzinho-vermelho-com-medo-do-lobo-mau.

Ou seja, o celular de Éder Amilson acabou custando, mais ou menos, vinte mil reais para os acionistas – contados aí apenas as horas dos funcionários, parte do bônus e da cesta de Natal. Não foram contabilizados os custos de impostos, os telefonemas, nem, claro, o custo do celular do menino-monstro. Bem, mas aí já é outra história.

III

No fim, Kátia podia respirar aliviada e ir esperar o Papai Noel em paz. Alguém ali naquela torre de Babel conseguiu que uma assistência técnica no bairro longínquo da Vila Prudente verificasse o brinquedo--celular, e, se existissem peças e funcionários, tudo ficaria pronto até o dia 4 de janeiro.

A secretária correu para contar a fantástica notícia para a rainha--mãe, mas toda a família real já estava, a essa hora, na estrada em direção à farta e chata festa de *Dingobel* dos Burlamaqui de Aquino Trevoli. Estranho seria se alguém tivesse aguardado Kátia para lhe desejar "Feliz Natal e próspero ano novo!".

IV

E como as férias coletivas passam rápido, não é? Para Kátia, voaram. As férias não foram lá aquelas coisas para a moça. Não. As noites de sono foram medonhas, com o mesmo sonho recorrente, em que a secretária estava sempre vestida de vermelho e o menino-lobo-mau olhava para ela. Quando Kátia perguntava "por que olhos tão grandes?", ele respondia: "Pra ver sua incompetência melhor. E cadê meu celular?". Terror puro.

Kátia correu para o escritório naquele dia 4 de janeiro para mandar buscar o celular de Éder Amilson. Óbvio que ninguém na assistência técnica atendeu. Apenas uma gravação dizia que "o escritório volta a funcionar dia 6 de janeiro. Feliz ano-novo!". Detalhe que o "feliz ano-novo!" era um coro dos seis empregados da assistência. Cafona...

Seria cair no lugar-comum dizer que Kátia gelou no instante em que percebeu que não conseguiria o celular do menino-rei a tempo da viagem da família Buscapé? Então, tá... Posso mudar tudo e contar que ela não gelou, ela congelou. Ainda mais que, enquanto o coro do "feliz ano-novo!" ressoava em seus pobres ouvidos, Áurea e Éder Amilson pararam na sua frente.

– Bom dia – disse Kátia, colocando o telefone no gancho.
– Cadê meu celular? – disse o pequeno lobo mau.
– Então...
– Cadê? Eu vim aqui buscar! – disse o menino, estridente.
– Sabe o que é... É que a assistência técnica... – Kátia pensou bem e percebeu que se contasse a verdade seria chamada de estúpida. – A assistência técnica... Pegou fogo... Pegou fogo! Acabei de saber! Mas parece que seu celular foi salvo. Só que só vou receber o aparelho no dia 6... Desculpe... A polícia não deixou tirar nada de lá.

Os grandes olhos de Éder Amilson grudaram nos de Kátia. Áurea não falou nada, do início ao fim daquele drama caipira. Deixou a bolsa na mesa da secretária, virou o corpo e puxou o filho pela mão para a sala do pai.

Instantes depois, Áurea saiu da sala do presidente, pegou sua bolsa e sumiu do campo de visão de Kátia. Mais uma vez sem falar nada. Éder Amilson foi até a secretária, olhou novamente para ela e disse:

– Imprestável.

Kátia não respondeu. Éder Amilson seguiu até o banheiro que ficava ao lado da mesa das secretárias, entrou, pegou aquele chuveirinho nojento que insiste em viver ao lado das privadas e atirou jatos de água na direção da moça. Um pequeno grito abafado pôde ser ouvido pela gracinha da Anninha, a gerente de marketing da Grama Verde. Ela, a gracinha da Anninha, era uma das poucas pessoas que não tinham medo do menino-
-lobo-mau.

– Éder Amilson! Pare já com isso! Vou falar com seu pai – a gracinha da Anninha vai até a sala de Silvio Guilherme e conta o que está acontecendo. O presidente vai até a porta.

– Éder Amilson! Você está jogando água na Kátia? – pergunta o pai.
– Não – responde, seco, o filho.

– Então tá – o Sr. Trevoli volta para a sala. Nem o espírito-santo-amém acredita na cena.

Éder Amilson mostra a língua para a gracinha da Anninha e sai correndo para encontrar a mãe.

V

Horas depois, Éder Amilson já tinha nas mãos um celular de um modelo melhor que o que tinha. Mais algumas horas depois, a família chegava ao Caribe.

Dia 6 de janeiro, o celular antigo do menino-lobo-mau foi entregue pela assistência técnica, que cobrou taxa de urgência pelo serviço. Kátia deixou a peça na mesa do presidente. Em breve, esse pequeno aparelho de penúltima geração seria apenas um celular ultrapassado esquecido em alguma gaveta da sala da presidência. E, sim, o conserto foi pago pela Grama Verde, que é uma empresa de capital aberto, com acionistas que investem seu dinheiro nos papéis negociados na Bolsa de Valores. Sim, e daí?

VI

No Caribe, o celular de Éder Amilson acompanhou a família apenas por dois dias. Depois foi desligado e guardado na bolsa da rainha-mãe. Ninguém, além da mãe, telefonava para Éder Amilson. O pequeno-lobo-mau não tinha amigos e ninguém ligava para ele. Bem, mas aí é outra história...

6º andar

SG Electronics

Razão social: SG Electronics Technology S/A
Posição no mercado: 6º lugar
Faturamento: US$ 1,5 bilhão no Brasil
Número de funcionários: 200 "associados" no Brasil
Tempo de vida: 4 anos no país
Tempo de SP Centrale: 1 ano
Missão da empresa: "Criar para inovar"

Querer e poder

I

Adriane estava toda prosa. Ela participaria de um *workshop* sobre novas ferramentas/softwares para uso de "gestão". Um assunto chato para qualquer pessoa do mundo corporativo, mas que Adriane *a-do-ra*. Ela chegou cedo, pegou seu crachá e foi tomar café da manhã à porta da sala de convenção do luxuoso hotel nos Jardins, onde acontecia o evento. Adriane tinha sido a primeira a fazer a inscrição, quatro meses antes. Era a sua estreia em um encontro como esse, e estava ansiosa, tão ansiosa que sentia vontade de comer todo o *buffet* do *welcome coffee*. Coisa que, aliás, quase fez.

II

O sonho de Pira era ser odiado pelos empregados da SG Electronics. Ele adoraria saber que todos os funcionários que conviviam com ele pelo SP Centrale sentiam medo dele. Mas não sentiam. Claro que os "associados" da SG conheciam o cargo que Pira tinha conseguido: diretor-geral. Conheciam... Só não respeitavam. Na SG não existem cargos de presidente ou CEO no Brasil, mas, sim, presidente da América Latina, Europa, Ásia e CEO mundial. Pira era apenas diretor-geral da marca no país. E não media esforços para ser temido.

Pira não falava com ninguém no escritório, não sorria, vivia com a cara fechada. Seus lábios bem inchados estavam sempre cerrados e suas sobrancelhas estilo taturana formavam uma sombra sobre os olhos pretos. A pele morena e grossa em seu um metro e quarenta e nove centímetros fazia-o parecer um Lampião de terno. Sua gravata era um verdadeiro tapa-sexo, indo até o fim do cavalo da calça. Rechonchudo, Pira jurava que era forte, que tinha corpo de academia. Até nisso ele tentava ser o que não era.

Pira só conseguia amedrontar, bem de leve, Adriane, a única gerente realmente subordinada a ele. Todos os outros executivos respondiam diretamente para seus diretores, que ficavam no México.

Para tentar fazer da vida de Adriane um inferno, Pira marcava reuniões às 7h, pedia relatórios e mais relatórios que nunca seriam usados e rejeitava todos, para que ela os refizesse. Outra tática: Pira ficava de olho quando Adriane pegava a bolsa para ir embora. Nesse momento, ligava em seu ramal e pedia a ela que o aguardasse para discutirem um assunto qualquer. Ela esperava... Esperava.... Uma ou duas horas depois, Pira saía da sala e, se a encontrasse, dizia que o assunto podia esperar até o dia seguinte. Mas geralmente o diretor-geral ia embora por um corredor lateral, para que ninguém o visse. Muitas noites Adriane ficou até tarde, esperando a tal reunião, e, quando tomava coragem de ligar para a sala do chefe, descobria que ele já tinha ido embora. O diretor e todo o resto da empresa. Pira queria ser mau, lembra?

Mas nem sua única subordinada tinha algum sentimento verdadeiro por Pira, nem mesmo raiva. Adriane não estava nem aí para os enredos de literatura barata que seu chefe inventava para fazê-la ficar até mais tarde na SG. Ela aproveitava e batia papo com homens no *Disque-Amizade,* cujo minuto custa cinco reais. Pagos pela SG, claro. Inúmeras foram as vezes em que, quando percebia que a empresa estava vazia, Adriane convidava uma ou duas dessas paqueras virtuais para encontros íntimos na SG, que sempre terminavam na cadeira do diretor-geral. Enquanto Pira imaginava Adriane odiando-o, ela estava na verdade era agradecendo por mais uma noite de muito sexo proibido no trabalho.

III

Naquela manhã de outono europeu em plena São Paulo, com temperaturas entre 10 e 13 graus, Pira chegou ao escritório e fez o de sempre: não deu "olá" para a recepcionista. Tudo bem, ela também nem o viu. Pelos corredores, passava direto, querendo se mostrar atarefado naquele que parecia ser o dia mais decisivo da sua carreira. Ele recebeu a ligação de um importante investidor português que estava em terras brasileiras e queria conhecê-lo. Pira tinha certeza de que era aquele emprego no Banco Português de Lisboa que tanto merecia. Ele já se via trabalhando na avenida da Liberdade e morando num daqueles prédios pombalinos, construídos após o terremoto de 1755 que destruíra boa parte de Portugal.

Pira havia recebido a ligação uma semana antes, mas marcou a reunião somente para a quinta-feira seguinte. Ele tinha que se valorizar e mostrar que era um homem muito importante, muito procurado. Estava angustiado e chegou a treinar a semana inteira o inglês enferrujado – seu medo era de não entender o sotaque dos irmãos lusitanos, e, diante de qualquer imprevisto, poderia cair para o inglês e conseguir conduzir a reunião.

Noventa minutos antes da hora marcada com os investidores portugueses, Pira recebeu uma ligação que deu o tom de quão difícil seria seu dia. O diretor-geral atende, com ar superior. "Alô, é seu o carro cor gelo?", uma voz pergunta do outro lado. Pira responde que não. "Ainda bem, porque já derreteu." Clique. Era mais um trote de alguém do escritório com número de telefone bloqueado. O bina do telefone da sala do diretor-geral não identificava o número do safado que sacaneava com ele dia sim e no outro também. Mas Pira sabia que o autor do trote se encontrava a poucos passos da mesa à qual se sentava. Era possível ouvir as risadas de vários funcionários do outro lado da porta da sua sala. Isso sempre aconteceu com ele. Ser ridicularizado pelo seu tamanho, pelas suas sobrancelhas, pela sua cabeça chata. E, principalmente, pela sua falta de talento.

O telefone toca de novo. Pira atende:

– Seu *viado*, babaca do caralho, vai se *fodê*! – grita o diretor-geral.

– Pira?... – o outro lado pergunta, espantado. Pira fica tenso e pensa ser o português.

– Sim, sim, sou eu! Ahn... Desculpe, é que...

– Já tirou seu carro? Vai derreter! – a voz mais uma vez desliga. Várias gargalhadas altas invadiram seu escritório em seguida ao trote. Pira fica furioso. Ele liga pra recepcionista e pergunta por Adriane. Ela o lembra de que "A Adri está num *workshop* hoje". Pira liga para o celular de Adriane, que cai em caixa postal. Acaba deixando recado aos gritos para ela retornar a ligação. Urgente. Ele não sabe o assunto, mas na hora arranja alguma coisa pra despejar em sua subordinada a raiva que está sentindo.

O telefone toca pela terceira vez. Pira atende de pronto, deve ser Adriane. "Alô", grita Pira. "Ih... Já derreteu...". E o telefone é desligado novamente na cara do diretor-geral da SG. Pira ouve muitas risadas vindas das outras áreas do andar onde ficava seu escritório. Ele joga o telefone no chão e abre a porta da sala, desnorteado. Como não pode demitir ninguém a não ser Adriane, vai mandar todo mundo tomar no cu.

Ao abrir a porta, dá de cara com a recepcionista. Ele quase cai de cara, literalmente, nos peitos da moça. Vale lembrar que Pira tem 1,48m e a recepcionista, que não é nenhuma Ana Hickmann, tem 1,67m de altura. "Calma, seu Pira", fala Deulice, muito brava, protegendo os seios.

– O que você quer? E não me chama de "seu"! É "senhor"! – grita Pira, olhando para cima.

– Sua reunião! As pessoas que o SENHOR esperava estão aí – Deulice responde, colocando toda a sua ironia na palavra SENHOR.

– Onde, onde? – aquilo se tornou o elixir para trazê-lo de volta à vida. Pira iria embora pra uma empresa onde o temessem, ou em que pelo menos não o maltratassem o dia todo.

IV

Pira se dirige à sala de reunião. No caminho, lembra-se da recepcionista dizendo "eles estão te esperando...". "Eles?", pensa. "Será que veio mais uma pessoa da empresa de Portugal só para me contratar?", sonha.

O diretor entra na sala e encontra dois senhores com cara de vendedores de remédio de escama de golfinho para emagrecimento. Pira estranha, mas mantém a pose. Ele estende a mão para cumprimentar os dois.

– Prazer, Pira.

– Olá, eu sou o Ernesto – diz o mais alto, e apresenta o mais gordo ao seu lado. – Este aqui é o Oswaldo. Tudo bem?

– Ahn... Tudo... – Pira estranha ainda mais. Onde estava o sotaque português dos dois? Será que eles tinham um escritório no Brasil e o cargo seria no país mesmo? Isso deixa o diretor-geral arrasado. Mas, de qualquer modo, aceitará a proposta. Ele não aguentava mais as pessoas da SG e tinha certeza de que o escritório não era no SP Centrale. Não há bancos portugueses no edifício.

– Muito obrigado pelo seu tempo. Não imaginava que conseguiria marcar uma reunião com o senhor tão rápido – diz Ernesto.

– Ahn... Imagina, eu sempre consigo um tempo na minha agenda para os assuntos realmente importantes, né? – Pira se mexe um pouco na cadeira e começa a colocar ainda mais "ahn" e "né" nas suas falas. Ele sempre faz isso quando está nervoso. – Mas... Ahn... Uma coisa me deixou intrigado, né? Ahn... Vocês não têm sotaque português, né? Ahn... Por um acaso a empresa de vocês possui um escritório no país?

– Desculpe, como assim? – pergunta o segundo homem, o mais gordo, o Oswaldo.

– Ué... Ahn.... Vocês disseram que eram de uma empresa portuguesa, né? – pergunta Pira.

– Empresa portuguesa?

– Sim, né? Ahn... A mulher que me ligou... Ahn... Disse que uma empresa portuguesa queria me fazer uma proposta, né?

– Não, não, desculpe – o homem mais alto ri, um pouco desconcertado, interrompendo Pira. – Na verdade, acho que ela se expressou de modo errado. Nós somos do jornal *O Português*, que é entregue a todos os alunos de Letras das principais faculdades do país, e queríamos fazer uma proposta para a SG patrocinar nosso jornal, uma vez que a sua marca quer fazer parte cada vez mais do Brasil.

Enquanto ouve o que os homens falam, "JORNAL PARA ALUNOS DE LETRAS", Pira fica em dúvida se coloca fogo naquela sala e tranca a porta com aqueles dois idiotas dentro; se pede um café bem quente pra jogar na cara deles; ou se corre para procurar o filho da puta que mandou aqueles imbecis para sacanearem com ele. Entre todas as opções que imaginou, Pira escolhe uma inédita. Vira-se e sai da sala de reunião. Sem aviso, sem despedidas, sem pedidos de desculpas. Pira sai e volta para seu escritório.

V

Chegando à sua mesa, o telefone toca. O bina do aparelho mostra que é Adriane. Pira resolve que vai relaxar ali mesmo, naquele segundo, projetando toda a sua frustração naquela subalterna-cretina-incompetente.

– Adriane, ahn... QUE PORRA É ESSA? – pergunta, com o tom de voz dois níveis acima do normal, olhando para todas as coisas que estão na sua mesa.

– Como é? – ela responde, sem entender nada.

– Esta merda de calendário que você mandou fazer, né? Ahn... É mole, SÓ CAI! – Pira grita, pegando a primeira coisa que seu braço curto alcança.

– Não entendi.

– Claro que você não entendeu, né?! Estranho seria se você tivesse qualquer possibilidade de ser uma vida inteligente, né? Esta merda de calendário... Ahn... Que você mandou fazer só cai, é uma porcaria, né? Uma coisa malfeita, como tudo o que passa pelas suas mãos.

– Pira?! – Adriane grita. – Escuta aqui, você me tira de um evento que vai me ajudar a desenvolver um monte de coisas aí na SG pra falar de calendário? Primeiro, não fui eu quem fez essa coisa que está na sua mesa. Segundo, a SG não faz calendário. Aposto que é de algum desses puteiros pobres que você frequenta. Terceiro: VÁ SE FODER! – Adriane desliga o telefone.

Pira fica desnorteado. Tudo é uma farsa. Até Adriane. "Ela nunca teve medo de mim", entende. Essa molambenta também devia debochar dele com os outros da SG, percebe. Pira verifica e vê que o calendário é da padaria perto do SP Centrale. O telefone toca novamente. Pira atende, num ato mecânico.

– Alô.

– Oi, senhor – diz a voz anasalada, também com o número de telefone bloqueado.

– Sim?

– O senhor está com um carro verde no subsolo 4?

– Não.

– É claro que não! Ele já amadureceu – fim de conversa. É o quinto telefonema em que desligam na cara de Pira naquele dia. Fora da sala, um monte de gente ri alto.

O diretor-geral da SG se levanta em câmera lenta e abre a porta da sala. Sua aparência é mais que horrível: o cabelo duro está despenteado; a gravata, torta e ainda mais baixa, praticamente nos joelhos; um botão de sua camisa abriu bem na altura do grande pneu de sua barriga.

Pira simplesmente segue pelo corredor, não ouve mais nada. Ao ver o elevador no seu andar, entra correndo. Ele resolve ir embora e só voltar quando o presidente da América Latina da SG ligar no seu celular – e sem desligar na sua cara. No *hall* do sexto andar, estão os dois homens do jornal *O Português*, que acabaram fechando um anúncio com a área de marketing da SG, já que "o Pira não apita porra nenhuma aqui", garantiu o analista de marketing. Eles não falam com Pira. Estão com medo daquele pequeno ser e resolvem esperar o próximo elevador.

VI

O dia seguinte nasce e Adriane está mais cedo na SG, tensa. Tentou falar com Pira na noite anterior, mas não conseguiu. Ela tem certeza de que será mandada embora.

Quando o relógio marca 10h, Adriane acha estranho Pira ainda não ter chegado, mas acaba se esquecendo do chefe.

O dia termina, começa outro, outra semana, novo ano e nada de o diretor-geral aparecer. Ninguém sente a ausência do baixinho. Nem Adriane. O salário de Pira continua sendo pago religiosamente, e seu carro (que, a propósito, é vermelho) ainda está no subsolo 4.

Pira nunca mais voltou, e ninguém percebeu. Nem mesmo a estagiária de produto que passava os trotes no diretor-geral da empresa. Ela ainda trabalha no SP Centrale, mas no primeiro andar, na agência ALÉM+, e já chegou ao cargo de diretora de criação. Ela era realmente muito criativa.

7º andar

MUNDO de Descontos

Razão social: Mundo de Descontos Varejo S/A
Posição no mercado: 1º lugar
Faturamento: US$ 8 bilhões
Número de funcionários: 15.000 "associados varejistas"
Tempo de vida: 25 anos
Tempo de SP Centrale: 4 anos
Missão da empresa: "Margem e lucro em sortimentos que servem para a vida do nosso consumidor"

Fusões, compras, sonhos

I

O diretor comercial de um dos maiores varejos do país, a MUNDO de Descontos, estava eufórico a tal ponto que, às cinco horas da manhã, se colocou a caminho do escritório. Não tomou café, o banho foi rápido e vestiu a roupa como se estivesse atrasado. A reunião com os líderes da empresa começaria somente às 8h30, mas Wagner Nóbrega resolveu chegar antes, para se preparar para um dia longo, cheio de surpresas, em que ele seria o protagonista da agonia de muita gente.

A MUNDO de Descontos Varejo S/A havia acabado de comprar sua maior rival no setor de varejo, a Promoção Comercial Ltda. Essa grande tacada faria as ações do grupo subirem, no mínimo, 10% naquele dia; a MUNDO passaria a ter 45% de *market share* em eletrônicos e 55% em CDs e DVDs, além de aumentar o faturamento do grupo em dois bilhões de dólares por ano. O executivo que trouxe a ideia da compra foi Wagner, e por isso seria o porta-voz para o mercado sobre a nova aquisição da empresa. Finalmente, ele teria todos os holofotes com os quais sempre sonhou.

Luis Mateus Bastos, mais conhecido como L. M., o *chairman* ou *presidente do conselho*, dará a grande notícia para toda a diretoria, e isso deixa Wagner ainda mais excitado, tão excitado que, mesmo sendo apenas seis da manhã, precisou correr para se aliviar ali mesmo, no banheiro masculino do oitavo andar do Edifício SP Centrale Downtown Financial Center.

II

Na outra ponta desta história, a cerca de 10 quilômetros do SP Centrale, Glória acordava, em mais um dia normal. Ela ia para uma reunião às 8h na Promoção, agendada de última hora pelo simpático seu Nilson, o dono da empresa. Depois, lá pelas 9h, começaria uma série de reuniões com fornecedores para "arrancar as calças deles", como sempre fazia a cada negociação.

Estava feliz e motivada. Ela havia sido contratada pela Promoção para cuidar da linha de DVDs fazia dez meses. Desde então, a área crescia mais de 140% com relação ao ano anterior, e a Promoção tinha pulado de quinto para segundo lugar no *ranking* das lojas que mais vendiam DVDs no Brasil. O presidente estava satisfeito com o resultado. E, se ele estava satisfeito, o bônus de Glória também estaria.

Apesar de suas vendas terem crescido, Glória ainda tinha como pior inimigo a MUNDO, que vendia DVDs como quem vende cerveja no carnaval de Salvador, fixando-se em primeiro lugar no *ranking* das lojas de DVDs havia uma década. No dia que a Promoção passasse a MUNDO, Glória estaria totalmente realizada e mais rica, ganhando vinte e cinco salários de bônus. Por enquanto, chegando ao segundo lugar, já tinha garantido vinte salários. Ela queria os cinco salários a mais e o prazer de passar à frente de Wagner. "Um dia eu arrebento a MUNDO!", era sempre o primeiro pensamento do dia de Glória.

Mas o incômodo com a MUNDO não era só porque a rival era a maior do país. Não. É porque era de lá, da MUNDO, que Glória tinha saído. Ou melhor, que Wagner tinha saído com ela.

– Glória, você não tem futuro na empresa. Você não tem talento, na verdade, para o mundo corporativo. Eu, se fosse você, repensava minha carreira, sei lá, encontrava alguma coisa que realmente soubesse fazer. Varejo não é a sua. No ano passado, a área de DVDs da MUNDO aumentou míseros 45%, enquanto todas as outras áreas cresceram, no mínimo, 49%. O último lugar não pode ficar na empresa – Wagner falou para Glória um ano atrás, antes de abrir a porta da sala de reuniões e sair. Desde então, Glória trabalha quinze, dezessete horas por dia para mostrar para Wagner que ela tem valor, mesmo sabendo que talvez seu ex-chefe--medo nem saiba que, agora, trabalha para a principal concorrente da MUNDO, a Promoção.

Literalmente, Glória transformou sua vida em vender DVDs. Desde que Wagner a mandou embora, Glória engordou 53 quilos, parou de se maquiar e de se preocupar com namorados, festas, amigos. Seu nome é Glória, seu sobrenome, Promoção e sua alma atende por Wagner. Ela jura que um dia vai emagrecer; arranjar um novo marido; ter dois filhos, a Dani e o Júnior; e virar professora de História na PUC. "Até lá, tenho que vender cinquenta mil do novo DVD *Harry Potter* que está chegando ao mercado", encerra seus pensamentos das sete horas da manhã, deixando a tigela de Sucrilhos com leite condensado na pia – seu desjejum.

III

O presidente do conselho da MUNDO, o L. M., chega ao sétimo andar do SP Centrale pontualmente às 8h. Reuniões com diretores e gerentes sempre o deixam atento. Ele gosta de trabalhar com a política do conflito, fazendo todos os seus executivos brigarem entre si. "Desse modo, nunca haverá conchavo contra mim", repete para si mesmo a estratégia aprendida com suas reuniões familiares. E acaba sendo verdade. Os diretores, o CEO e os gerentes da MUNDO não são amigos, não almoçam juntos e apenas trocam apertos de mão formais. E, nas reuniões, nunca há um consenso. Desse modo, L. M. não tem problema em aprovar apenas as suas ideias. Foi assim que a MUNDO de Descontos Varejo S/A completou 25 anos de vida e se tornou um dos maiores grupos privados do país.

L. M. entra na sala de reunião número 5, que apenas ele pode usar. Lá estão todos os principais diretores do grupo, com exceção de Henrique Machado, o CEO da MUNDO, *Chief Executive Officer*, o que, em bom português, quer dizer *presidente*. O *chairman* não demora a avisar a compra da principal concorrente, a Promoção, e, para o espanto de poucos, a subida de cargo de Wagner, que se torna o novo CEO da empresa de varejo. "Henrique passa agora a fazer parte do conselho", ou seja, estava sendo aposentado com um belíssimo ganho mensal, bônus e possibilidade de palpitar sobre o futuro da MUNDO. E L. M. completa:

– Wagner mostrou ter mais vigor para tocar as nossas 213 lojas pelo país e mais o nosso canal eletrônico. As lojas Promoção estarão com nossa marca em menos de um mês, assim como todos os funcionários de lá que prestarem para alguma coisa estarão trabalhando aqui no prédio nesse tempo – sentencia. L. M. não se demora mais, dá outras duas ou três ordens para o diretor de RH, que não sabe onde colocar esses novos "associados varejistas". O presidente se levanta – seguido pelos diretores, no melhor estilo *César* – e se dirige ao heliponto do prédio para seguir para o Rio de Janeiro. Wagner está novamente excitado.

IV

A três quilômetros do SP Centrale Business Center, um senhor amável, cuja foto enfeitou a entrada das Lojas Promoção por mais de trinta anos, está se preparando para sua última reunião com a equipe que fez sua marca ser uma das dez mais importantes do país e uma das três mais lembradas pelos consumidores nacionais. Adernilson da Silva Constancio, mais conhecido por seu Nilson, é o dono, ou melhor, foi o dono, o único dono da Promoção desde sua fundação, no bairro do Cambuci. Ele resolveu aceitar a proposta da MUNDO não por perceber que seus filhos não levariam o negócio para a frente, mas porque sua sexta esposa quer ficar mais tempo em Miami que no Brasil. "Ela só tem 23 anos", diz ele. "Ela quer aproveitar a vida comigo", acredita, tentando encolher a enorme barriga, em frente ao espelho.

Na curta distância entre seu escritório e a única sala de reunião no último andar de seu prédio-galpão, mais conhecida como *A Grande Sala*, seu Nilson percebe algo que o deixa surpreendido: ele não sentirá falta daqueles corredores pintados de amarelo-claro; nem da sua velha secretária, que 25 anos atrás até que era um pouco atraente; muito menos daquela sala de reunião cheia de gente querendo puxar seu saco pra um dia vir a ganhar dinheiro. "Ainda bem que amanhã estou em Miami, longe disto", pensa, quase em voz alta.

Ao entrar na *Grande Sala*, as conversas cessam. Quando seu Nilson chega à ponta da mesa é que se dá conta de que nenhum funcionário ali tem ideia do que vai acontecer. Pela primeira vez, tinha sido mais rápido que a Rádio Peão. "Definitivamente, as empresas não são mais as mesmas", conclui.

– Senhoras... Senhores... A reunião não tomará muito tempo de vocês, eu prometo – começa seu discurso improvisado. Seu Nilson era realmente bom em falar sem textos previamente escritos por assessorias e gerentes de comunicação. Glória está sentada em uma cadeira próxima ao velho-presidente-dono. Ela realmente gosta de trabalhar na Promoção. O velho continua:

– Como vocês sabem, temos mais de trinta anos de história, e a marca Promoção é hoje uma das mais reconhecidas pelo mercado, pelos fornecedores e, principalmente, pelos consumidores brasileiros. Trabalho aqui com vocês todos os dias, de domingo a domingo, das sete da manhã até onze da noite, e sempre com muito prazer. Tenho orgulho...

Seu Nilson se emociona. E não é mentira. Os funcionários ainda não conseguiram entender o que está acontecendo naquela sala. Glória olha fixamente para o presidente, que respira fundo e volta ao discurso.

– Desculpem... Bem, como estava falando, tenho muito orgulho de tudo o que construí com a ajuda de vocês que estão aqui, nesta sala. E, para que a história da Promoção continue, principalmente com sucesso, é preciso mudar, evoluir.

Seu Nilson para e olha todos aqueles executivos que ele mesmo havia contratado. O RH da Promoção ainda era caseiro, pequeno. Cada diretor, cada gerente tinha sido escolhido em entrevista feita diretamente pelo presidente. Nada de dinâmica em grupo, testes, consultorias. Não. O seu Nilson gostava de conversa olho no olho. Era assim que ele fazia, sempre. E nunca tinha se enganado com ninguém que tivesse passado pela sua empresa.

Glória sente uma pontada no estômago. Pela primeira vez no dia ela tem vontade de correr para a padaria Liberdade, que fica colada ao escritório, e comer três sonhos, três minissonhos, eleitos os melhores da cidade pela *Veja SP*.

– E, para evoluir, para não ficarmos para trás nesse tal mundo globalizado onde as empresas se compram e se vendem o tempo todo, a Promoção vai se juntar à maior empresa de varejo do mercado, a MUNDO de Descontos Varejo S/A – seu Nilson percebe o silêncio indo embora da sala e o burburinho, as vozes, os choros começando a tomar o ambiente. Glória pensa em fingir que vai ao banheiro para correr para a padaria.

– Senhores, senhores, calma... Ainda não terminei. A Promoção vai continuar dentro de seus princípios e respeitando todo o seu histórico. Foi por isso que a MUNDO quis comprar a nossa empresa. E quando digo "nossa", é nossa de verdade. Cada um de vocês tem uma participação nos lucros. A Promoção foi construída por todos aqueles que passaram pelas nossas 137 lojas em todo o país. Um dos principais pontos acordados com o presidente da MUNDO de Descontos é o que diz respeito a todos os funcionários desta empresa. Eles sabem quanto cada talento interno é importante para a continuação da marca Promoção.

O zum-zum-zum aumenta.

– Pessoal, chega! Vocês não são crianças. Garanto que a pessoa mais triste nesta sala sou eu. Há trinta anos minha vida se resume a vir trabalhar na Promoção. E agora, o que será dos meus dias? O que vou fazer?

As pessoas na sala ficam constrangidas. A secretária da presidência deixa as lágrimas caírem. "Coitado do seu Nilson", pensa a velha senhora. Mal sabe ela que o seu Nilson sabe muito bem como aproveitar cada novo dia da sua nova vida em Miami. Ainda mais com os milhões de dólares que recebeu e que serão pagos via transação internacional, sem pagar um real sequer em impostos brasileiros.

– Senhores... está a caminho deste prédio o Sr. Wagner. Foi ele o brilhante cérebro que conduziu toda essa negociação. Foi quem conseguiu me convencer de que a marca que criei há três décadas só terá futuro com o casamento com a MUNDO. Com certeza, vocês gostarão muito de conhecer e trabalhar com esse jovem executivo. Queria eu ter 25 anos e ter essa oportunidade. Peço que todos fiquem no prédio pelas próximas horas. Tenho certeza de que Wagner quer conhecer cada um de vocês. Obrigado.

Seu Nilson fica com os olhos vermelhos e marejados. As pessoas aplaudem. Depois de muitos abraços, seu Nilson desce apressado para o estacionamento. Ele quer ir o mais rápido possível para o aeroporto e embarcar para Miami. "Quero encontrar a Rorrô...", pensa, semiexcitado, já que ainda não tomou sua pílula azul para conseguir ficar excitado por inteiro.

Glória está imóvel na cadeira. Ela não participa nem dos aplausos, nem dos abraços, nem da choradeira. A bem da verdade, faz menos de um ano que chegou à Promoção e ainda não tem tanto apego assim pelo presidente. O que ela não consegue parar de pensar é naquele nome que o seu Nilson disse: Wagner. Definitivamente, ela não queria ter 25 anos para trabalhar com Wagner. Glória já tinha 35 anos e trabalhara com ele. Glória era uma ex-MUNDO e sabia muito bem que "tranquila" não era a melhor palavra para traduzir o estilo de transição da MUNDO. Estava certa de que o processo de transformação da Promoção em MUNDO seria imediato, rápido. E que a marca Promoção sumiria em questão de dias. Glória intuía que, em menos de um ano, o logo da Promoção entraria para aqueles e-mails insuportáveis de gente saudosista que manda arquivos de PowerPoint pesadíssimos com todos os produtos e marcas dos anos 1980. Glória corre para a padaria Liberdade e pede três sonhos pequenos.

V

Logo após a saída de L. M., Jorge Pontes, o diretor de marketing e comunicação da MUNDO, começa a divulgar a compra da Promoção para a imprensa. O resultado esperado após o anúncio era que as ações do grupo crescessem 10% naquela quinta-feira de sol. Mas, duas horas depois de os editores de economia darem como manchete do dia "MUNDO e Promoção agora são uma só empresa", as ações alcançaram alta de *apenas* 8%. L. M. não ia gostar de saber disso. E, exatamente por isso, Wagner fez questão de ser o primeiro a contar ao *chairman*, dando numa bandeja de ouro a cabeça de Jorge Pontes.

L. M., que já estava no Rio, exige uma videoconferência com os principais executivos da MUNDO. Jorge é humilhado na frente de todos. Quando tenta se defender, mostrando que, dos dez principais portais de Internet do país, dez davam como manchete principal a união das duas empresas, o diretor de marketing e comunicação ouviu, talvez, a frase mais dura da sua vida. Mais dura até do que quando Dedé, a garota do primeiro colegial por quem era apaixonado, respondeu ao seu convite para ir ao cinema. Ela disse: "Se liga, feio! Sou gostosa! Tem graça eu ser vista com você?". Pelo menos ele estava sozinho quando ela falou aquilo.

– Jorge, se é pra você ficar falando besteira, é melhor você ficar em casa. Não se preocupe, eu continuo pagando o seu salário. Assim sai mais barato pra mim e não tenho que ficar vendo e participando da sua incompetência.

Jorge não responde mais.

Wagner tem uma nova ereção. Ele realmente gosta de ver os outros diretores sendo torturados. Como grande salvador do momento, Wagner levanta e se aproxima do microfone para dar uma sugestão:

– E se nós falássemos com os veículos de imprensa e explicássemos que não foi uma união, nem uma fusão, e sim que a MUNDO *comprou* a Promoção? Só assim os investidores vão perceber a mina de ouro que a MUNDO se tornou. Do jeito que estão falando – união, casamento, fusão – parece que a Promoção ainda manda alguma coisa.

L. M. gosta da ideia e a aprova. O diretor de marketing sai com a missão de convencer os jornalistas a mudar suas manchetes. Jorge não terá mais como se desculpar se o *chairman* convocar mais uma reunião para falar sobre o caso MUNDO X Promoção na imprensa.

VI

Depois de quatro horas e meia de atraso, Wagner chega ao escritório da Promoção. Nenhum funcionário saiu para almoçar. Apenas duas pessoas estão de estômago cheio. Glória é uma delas – ela correu pela segunda vez até a padaria Liberdade para comer um sanduíche de queijo, ovo e *bacon* e mais quatro minissonhos. A outra pessoa que almoçou, claro, foi Wagner. Depois de tantos acontecimentos naquela manhã, o novo CEO da MUNDO foi até o Gero dos Jardins e comemorou sua promoção com um risoto de 95 reais acompanhado de duas taças do Prosecco de 460 reais a garrafa. Ele merecia.

Wagner anda pelos corredores da Promoção falando ao celular, rindo alto. Ele quase bate de frente com Glória, que abaixa a cabeça. As pessoas correm para ver o novo mandachuva da empresa. A Rádio Peão garante que cabeças vão rolar. E logo.

Wagner chega até a mesa da velha secretária da presidência da Promoção. Maria José está na empresa há 25 anos e sempre sonhou em um dia se casar com o seu Nilson. Mas ele preferia as estagiárias. "Velha e acabada. Essa será a última que eu mando embora. Deve saber de bastante fofoca daqui", pensa Wagner quando aperta a mão da secretária. Dona Maria José acompanha o novo chefe até o escritório de seu Nilson, já vazio. Ela avisa que todos estão se dirigindo para a sala de reunião do último andar.

Somente quando todos já estavam instalados nas cadeiras é que Wagner entrou na *Grande Sala*. Apenas ele sabia que aquela quinta-feira seria o último dia de uso da velha sala de reunião da Promoção. Wagner pretendia não mais voltar ali. O dia seria longo, mas ele resolveria tudo de uma só vez.

Wagner é direto, mostrando que era verdadeira a lenda que dizia que os executivos da MUNDO eram rápidos, secos e cruéis. Depois de um bom-dia mentiroso, começou a falar com pausas estudadas, para que cada pessoa pudesse refletir e chegar sozinha à conclusão do ser acéfalo que era.

– Uma das principais características da MUNDO é o pragmatismo. Somos diretos. Vocês que estão nesta sala são importantes para a Promoção, construíram esta empresa e a levaram até onde ela está hoje... O *terceiro lugar* do setor. Como vocês sabem, a MUNDO é a primeira, e não há espaço para quem não é de primeira. Cada área de vocês será estudada pelos especialistas da MUNDO e cada quadro de funcionários cruzado com os da matriz. Em menos de um mês, todas as lojas Promoção exibirão sua nova marca: MUNDO. Hoje começa a ser veiculada na TV, em todos os intervalos da novela das oito, uma campanha emocional, em que mostraremos que a marca Promoção dá espaço a outra mais forte: a nossa. A MUNDO.

Com um rápido respiro, continua:

– Bem, todos os pontos jurídicos e financeiros já foram resolvidos durante a nossa negociação. Ou seja, a partir de amanhã as notas fiscais, os tíquetes dos caixas, os crachás de vocês já terão a logomarca MUNDO. Manteremos a marca Promoção por mais um mês, para não assustar demais os clientes acostumados à cor verde da Promoção.

E finaliza:

– Hoje vou conversar com os três diretores e com os cinco principais gerentes da empresa. Peço que fiquem aqui até eu ir embora.

Na dispersão, permaneceu na sala apenas o diretor comercial da Promoção, visivelmente abatido, mais pelo litro de uísque da noite anterior que pelas notícias daquela manhã. Afinal, ele havia acompanhado tudo de perto e ficara ainda mais rico, levando dois milhões de dólares pelas ações da Promoção, mais bônus de um milhão. Aquela conversa seria mais para fazer cena. Wagner e o diretor da Promoção já haviam conversado muitas vezes antes. Os dois sabiam as portas que cada um abriria. Wagner, a da sala da presidência. O diretor, a porta que levaria ao seu carro para ir embora dali. Para sempre.

As pessoas estavam abaladas. Kátia, a gerente de CDs, beirava a depressão. Tinha marcado de pegar a filha na escola às 17h e levá-la para o cinema. Era aniversário da menina e o pai estava viajando. Glória dá a sugestão de ela já arranjar alguém para ajudá-la, pois, pelo que conhecia de Wagner, aquilo iria longe. O gerente mais velho do grupo estava angustiado e teve que ser atendido na enfermaria. Claudinei tinha 62 anos e era hipertenso. Ele sabia que não ia passar pelo crivo da MUNDO. A categoria de que cuidava, utilidades domésticas, estava cada vez mais perdendo espaço para as lojas online. Claudinei tinha trinta anos de empresa e só sua aposentadoria não sustentaria toda a família.

A fome começa a tomar conta dos gerentes e de Glória. Os telefones dispararam e, em pouco tempo, uma fila de motoboys se formaria na recepção da Promoção com lanches em pão italiano com alface murcha, sushis quentes, sucos e vitaminas com espuma seca. Glória pediu McDonald's. A fome aumentou ainda mais depois que a Rádio Peão começou a dar plantões urgentes, avisando que demissões já estavam acontecendo e que não teriam hora para acabar.

Nos corredores, pessoas choravam, outras contavam em detalhes o que faziam com seu salário, diziam que não podiam ficar sem aquele emprego. "Meu Deus, e agora?", era o que mais se ouvia pelas mesas, corredores e cantos dos andares. Mas Deus não podia responder. Deus, agora, estava na *Grande Sala* conversando com os diretores de marketing e financeiro, que haviam se juntado ao diretor comercial na corrida para o estacionamento da empresa. Cada um entrou no seu A4 blindado (presente da Promoção) e acelerou para sua casa. Nunca mais aqueles homens pisariam numa loja Promoção. Por eles, tudo bem, pois sempre preferiram as lojas MUNDO mesmo.

Alguns minutos depois, Wagner sai da sala e segue pelo corredor, direto para o térreo. Adorava essas encenações. Pensava em cada movimento que fazia com as mãos e até no ritmo dos passos. Sabia que assim, naquele momento, era a única pessoa que recebia atenção na Promoção. Se pudessem ouvir as risadas internas que Wagner dava, as pessoas da Promoção ficariam surdas e, talvez, passassem a ter um pouco mais de autoestima, pegariam suas coisas e mandariam, todos juntos, Wagner enfiar a MUNDO e todo o resto no rabo. Mas acontece exatamente o contrário: as pessoas tentam cruzar o olhar com o todo-poderoso para puxar um pouco o saco do novo chefe.

Dona Maria José vai até os cinco gerentes e pede que esperem por Wagner na recepção da *Grande Sala*. Os cinco obedecem. Glória se arrepende de não ter comido mais dois sonhos e começa a sentir uma pontada na boca do estômago.

VII

Três horas depois, Wagner volta à Promoção para sua última sessão de terrorismo. Está muito feliz. Nesse tempo em que esteve fora, conseguiu fechar a compra de uma perua Mercedes para sua esposa, a bela Maitê, a "Gatinha", seu apelido de casal. Como ele não tem tempo de transar com a *Gatinha*, a cada promoção, ela ganha um mimo. Com presentes cada vez mais caros, o casamento vai chegar aos sete anos. Maitê adora os presentes e adora não ter que transar com Wagner.

O novo CEO da MUNDO segue direto para a *Grande Sala* e fecha a porta. No caminho, vê de canto de olho os gerentes sentados na antessala, em silêncio. "Mais um pouco de espera não faz mal a ninguém", diz para si mesmo e termina com um sorriso grande, mostrando todos os dentes perfeitamente alinhados e brancos. Antes de chamar seu próximo torturado, Wagner quer ver como fecharam as ações da MUNDO.

Bingo! A estratégia que criou para melhorar a divulgação da compra da Promoção deu certo. Todos os sites importantes anunciavam: "Não é fusão. MUNDO COMPRA Promoção". E amanhã haverá uma chamada nas primeiras páginas dos jornais de economia. As ações tiveram 16% de valorização naquele dia. Wagner estava radiante, principalmente, porque Jorge tinha realmente se dado mal. "Homem feio e sem graça!", comemora Wagner. E, como vampiro querendo mais sangue, pede que dona Maria José encaminhe o primeiro gerente que o espera.

Glória estava pensando em muitos sonhos, uma fileira deles. Ela adorava pegar a fornada recém-saída. E toda aquela fileira estava quentinha, com o creme mole, o açúcar derretendo. Seus devaneios são quebrados quando dona Maria José entra na sala.

– Glória, vai lá que o Wagner está esperando por você. E, que bom, ele está com uma cara ótima! Vai sem medo. – Ninguém melhor que Glória, ali, naquele momento, para saber que Wagner com cara boa significa humilhação em dobro.

VIII

Glória entra na sala e se senta. Wagner continua olhando para a tela de seu notebook de última geração que a empresa lhe deu. "Ele está fazendo de propósito... Só porque sou eu que estou aqui ele nem olha pra frente. Filho da puta!", pensa Glória.

Wagner termina de contar quantas referências tem seu nome agora no Google depois de tantas matérias sobre a compra da Promoção. Já bateu 526 respostas na pesquisa depois que digitou seu nome, Wagner Vasconcellos, e clicou em "pesquisar". "Sou do cacete!", conclui. Nossa, como ele está feliz! Pobre Glória.

Depois de baixar a tela de seu computador, Wagner olha para Glória e vê uma pessoa estranha, gorda e realmente embaraçada por estar na sua frente. Mas ele sabe que conhece aquela mulher. "De onde? Será que já comi essa aí antes de embagulhar?", repetia para si mesmo, buscando nas memórias do cérebro e do sexo alguma referência daquele ser enorme.

– Olá. Tudo bem? – Wagner não deixa Glória responder e emenda. – Por favor, rapidamente, resuma para mim suas funções, metas, enfim, seu trabalho aqui na Promoção.

– Faz dez meses que comecei aqui na Promoção... – Glória tenta começar com segurança na voz, mas olhar para Wagner depois de quase um ano a fez tremer. A pontada no estômago está cada vez mais intensa. Ela acha que é o nervosismo daquela situação, e tem certeza de que com três sonhos resolve esse bolo no meio do estômago. – Então... Faz dez meses que estou na Promoção...

– Isso você já disse – lembra Wagner, com tom de aviso para ela não enrolar, não fazê-lo perder tempo.

– E... o seu Nilson me contratou para cuidar da área de DVDs da empresa... E... em menos de um ano... eu... eu consegui fazer a Promoção sair do quinto lugar de vendas de DVDs no varejo para o segundo lugar. Nosso *market share* aumentou até na Internet...

Wagner está sem expressão, tentando lembrar-se de onde conhece Glória. *Com 60 quilos a menos ela até que ficaria interessante... Será que não comi mesmo essa mulher?* Glória começa a suar nas mãos. Ela detesta quando isso acontece, começa a esfregar os dedos molhados nas calças. A pontada no estômago sobe para o meio do peito. O silêncio passa a fazer parte da sala. Ela tem certeza de que Wagner a reconheceu. *Sacana desgraçado! Por que eu tenho que passar por isso?* Naquele momento, conseguiria comer doze sonhos, e não iria querer os pequenos, pegaria dos grandes mesmo.

– Você veio de onde? – pergunta Wagner.

– Antes da Promoção? – retruca Glória. Wagner apenas mexe uma sobrancelha. Glória gela. A dor do peito aumenta. Agora, só agora, conseguiria o recorde mundial e comeria vinte e dois sonhos grandes em segundos. – Você não sabe?

– Se eu soubesse, não perguntaria – diz Wagner, olhando o relógio, como se ele não tivesse nenhum interesse naquela conversa.

Glória emudece, respira. Wagner consegue finalmente ver aquela figura enorme à sua frente com 70 quilos a menos. Ele sabe quem é ela.

– Da MUNDO! – respondem juntos, Wagner e Glória.

– Qual é o seu nome mesmo? É... Valéria?

– GLÓRIA!

– Glória... É verdade... Lembrei. Você foi a pior comercial de toda a história da MUNDO – Wagner comenta, como se estivesse pedindo para a Gatinha passar a manteiga no café da manhã. Cada palavra parece ter pequenas agulhas entrando direto no corpo de Glória. A dor do peito aumenta. Suas mãos ficam ainda mais molhadas e o suor invade as axilas. Wagner olha para as duas manchas que se formaram na camisa dela sob os braços.

Glória está estraçalhada. Ela queria poder sonhar. Queria comer três sonhos. Não, três não... quatro!

– Eu não era uma comercial ruim! Eu trabalhei quatro anos na MUNDO e fazia crescer a área de DVDs mais de 50% ao ano – respondeu, resignada. Ela sabia que choraria a qualquer momento, mas não queria fazer isso na frente daquele homem.

– Não fazia mais do que a obrigação, Glória. Era paga para isso. E tem outra coisa, 50% é ok... E na MUNDO não quero gente ok. Quero gente boa, que consiga crescimento de 80, 90, 100%. Não preciso de ninguém trabalhando aqui que ache que se cresceu 50% está ótimo. Procuro aqueles que nunca achem seus próprios resultados bons demais. Quero profissionais que percebam que sempre podiam ter feito mais, melhor.

A voz de Glória começa a ficar fraca. Não vai conseguir contra-argumentar com Wagner do modo que sempre sonhou que um dia faria. Ela consegue apenas lembrar que cresceu a linha de DVDs da Promoção em 140% em apenas dez meses, levando a empresa para o segundo lugar no *ranking* das lojas de DVDs do país.

– Glória, se você se sente bem com o segundo lugar, parabéns. A medalha de prata é sua. Só que a MUNDO está em primeiro lugar em DVDs há onze anos, desde que essa porra de disco nasceu. E chegar ao segundo lugar não é tão difícil. Afinal, todo mundo trabalha mal no mercado, só a MUNDO sabe vender bem.

A dor no peito aumenta muito, ela conseguiria, ela tem certeza de que conseguiria comer dez sonhos grandes, bem grandes, com muito recheio, em dois minutos.

– Bem, para não perder mais tempo, Glória, a partir de amanhã a área de DVD será tocada pelo Paulo – Wagner olha dentro dos olhos de Glória. – Você se lembra dele, não é?

– Ele era meu *trainee*... – ela responde, baixo.

– Sim, coitado... Teve que reaprender, ou melhor, aprender tudo do zero depois que você foi embora.

– Mas eu o ensinei bem.

– Então, o Paulo agora vai tocar a área de DVDs da Promoção também – Wagner responde, sem dar importância para o comentário de Glória.

– E eu?

– Bem... Você... Não é óbvio?

– Eu vou ficar abaixo do Paulo?

Wagner ri.

– Sabe que não seria má ideia? – e ri de novo. – Não, Glória, não faria isso nem com você, nem com o Paulo. Não faria você ver quanto não sabe trabalhar nem deixaria o Paulo com uma funcionária que está mais para peso morto que para uma cabeça criativa. Você pode tirar umas férias... Longas, digamos assim.

Glória não consegue falar. O suor e a dor impedem. O ultimato de Wagner funcionou. Se existia ainda algum pequeno amor-próprio nela, ele se foi junto com os 503 sonhos que ela desejou o dia todo.

A dor no peito aumenta, mas por um segundo ela consegue raciocinar e ver que a guerra não acabou. Levanta a cabeça, tentando se segurar no pouco que restou da antiga Glória. Ela se lembra do combinado com o seu Nilson sobre seu bônus e o aumento das vendas:

– Wagner, espera! Quando eu fechei contrato com o seu Nilson, nós acordamos que, se eu chegasse em segundo lugar em menos de um ano, ganharia vinte salários de bônus, e se fosse pro primeiro lugar, ganharia vinte e cinco salários. Eu consegui! – diz ela, tentando não ser tão fraca.

– Glória... Qual das palavras que eu disse que você não entendeu? Quando eu digo que na MUNDO só existe primeiro lugar, que é só esse que importa, significa que foda-se se você fez a Promoção chegar ao segundo lugar. E se você acertou alguma coisa com o antigo dono desta empresa, vá se resolver com ele. Os passivos trabalhistas, minha cara, ficaram para a antiga diretoria da Promoção.

Glória não sabe mais o que falar, a boca seca, e seu cérebro, tentando salvar sua dona, começa a imaginar um sonho por salário perdido. *Vinte... Vinte e cinco! Hoje preciso de vinte e cinco sonhos.*

– Pode ir – Wagner encerra a conversa.

Por segundos, Glória consegue se ver voando para cima de Wagner e mordendo sua orelha. E pior: se imagina beijando a boca dele também.

– Anda! Pode ir! – Wagner repete.

Ela se levanta. Pela primeira vez, desde que começou na Promoção, Glória sente o peso dos seus 57 quilos a mais. Ela teve que se apoiar na mesa para conseguir ficar em pé, deixando a forma da sua mão gordinha suada no tampão daquela madeira velha, escura. A pontada no estômago diminuiu um pouco. Quando Glória olha para a frente, jura que dará um tapa na cara daquele homem. Bem forte, com a mão bem aberta. Mas amanhã. Agora, ela só consegue pensar em chegar até a padaria e comer os sonhos que tiverem lá. São 21h e só deve haver sonhos da fornada das 16h. "Não estarão quentinhos...", reflete, triste, Glória.

– Ei, você aí... Glória... – Wagner chama, fazendo-a parar no meio da sala. – Escuta, só um último ponto. Desejo pelo menos uma coisa muito boa pra você: desejo que você vá pra uma empresa que a MUNDO não possa comprar. Assim, a gente não tem que ter essa reunião de novo, né? – e dá uma piscada sacana e um pequeno sorriso. Mais que irônico. Um sorriso de quem gosta de ser inesquecível na vida dos seus subordinados.

Glória sabe que, se tentar falar qualquer coisa naquela situação, só irá chorar. E implorar pelo emprego. Ela resolve correr para a padaria Liberdade.

IX

Wagner se arruma na cadeira e pede a dona Maria José que chame o próximo gerente. Wagner ri. Ri porque lembra que um de seus principais argumentos de defesa para a compra da Promoção era apontar o crescimento de mercado que a empresa havia tido graças às vendas de DVDs. Ele e toda a equipe da MUNDO estavam impressionados com o fato de a Promoção ter alcançado o segundo lugar em tão pouco tempo. Wagner e Paulo, o ex-*trainee* de Glória, estavam com medo, já que todos aqueles gráficos de resultados mensais, trimestrais, semestrais e anuais feitos em Excel apontavam que em menos de quarenta dias a Promoção passaria a frente da MUNDO. Wagner queria conhecer quem comprava e vendia DVD na Promoção e já imaginava se livrar de Paulo, "aquele imbecil, *trainee* de merda que não serve pra nada", pensa. Bem, agora tinha que descobrir quem era o comercial de DVD das Lojas da América, que estava em terceiro lugar nas vendas. "Assim me livro logo do bosta do Paulo."

Dos outros quatro gerentes, dois saíram da sala chorando, amaldiçoando a MUNDO, Kátia conseguiu manter o cargo, e o último, Claudinei, o gerente mais antigo da Promoção, até que se saiu bem com as possibilidades de crescimento que terá na nova empresa. Ele será o assistente do gerente comercial de eletrônicos da MUNDO. Ou seja, o velho gerente ganhou um *downgrade*, uma "despromoção", mas tudo bem. O salário seria mantido e o vale-refeição, também.

X

Wagner já está a caminho da saída quando resolve fechar com chave de ouro seu primeiro dia como CEO da MUNDO. Já no corredor, ele demite Maria José, que está ao seu lado:

– Dona Maria José, a partir de amanhã a senhora não precisa mais vir. Pode ligar de manhã para o RH e acertar suas contas – o elevador chega, Wagner entra. A velha secretária está parada, dura, no corredor. Wagner segura um pouco a porta, até perceber que Maria José vai começar a chorar.

– Bem, não se esqueça de apagar as luzes. Você sabe como é importante economizar. Boa noite – a porta do elevador se fecha.

Maria José só consegue gritar "MONSTRO!" quando Wagner já estava descendo. Ela se recompôs, voltou para o escritório, levantou a saia e mijou na cadeira em que Wagner tinha se sentado durante todo o dia. Acendeu as quatrocentas lâmpadas do escritório e ligou todos os computadores, mandando imprimir cerca de setenta cópias em cada impressora de um arquivo com mais de trezentas páginas; abriu as torneiras dos oito banheiros; e pegou uma série de documentos da empresa que sempre soube que eram importantes e os guardou numa pasta. Aquilo, em breve, seria comprado por vinte mil dólares pelo Sr. L. M. Mal sabia Maria José que a MUNDO teria pago até vinte milhões, se ela pedisse.

XI

Eram 22h e Wagner queria chegar logo em casa para pegar o *Jornal da Noite* no ar e ver o que sairia na TV sobre o seu trabalho. "Com certeza, eu sou a notícia mais importante de hoje", falou em voz alta, no elevador. Ele ainda não tinha decidido se iria ou não fazer sexo com a *Gatinha* naquela noite ou se resolveria seu tesão no carro mesmo, sozinho. Transar com sua mão sempre deixara Wagner relaxado. Ele preferia. Wagner realmente não gostava de dar prazer a ninguém.

XII

Na padaria Liberdade, Glória conseguiu apenas sete sonhos, que resolveu levar para comer em casa. Não conseguia parar de pensar em como odiava Wagner. No mal que aquele homem havia feito à sua vida. Era impossível não lembrar que cinco anos atrás ela tinha uma vida saudável, emprego, namorado, amigos. Hoje, não havia ninguém na sua vida. Seus amigos mais antigos não tinham nem seis meses de convivência; as amigas da MUNDO ficaram naquele prédio da Faria Lima, o SP Centrale. Quando a porta do elevador se abre, Glória tenta fugir, mais uma vez, do reflexo que o espelho mostrava. Ela sabia o tamanho que seu corpo tinha agora, com 50 quilos a mais, adquiridos em apenas um ano. O último namorado foi embora quando Glória engordou 15 quilos e já não queria nem conseguia transar.

Glória abre a porta de seu bonito apartamento, com uma vista incrível para o parque da Aclimação. Liga a TV, tira seu terceiro sonho do saquinho cheio de óleo e com o *slogan* "Padaria Liberdade – o jeito livre de fazer pão". Enquanto o creme daquele sonho que ela tanto gostava queimava sua garganta, Glória sonhava. Sonhava com um marido sempre com um sorriso para ela; sonhava com as gargalhadas de seus dois futuros filhos, a Dani e o Jr.; sonhava com noites com a casa cheia de amigos rindo, virando juntos a sexta garrafa de vinho. Ela sonhava com um Natal feliz, com seu pai, sua avó e até a prima Elvira rindo – e você não tem ideia do mau humor que a prima tem.

E, no meio de todos aqueles rostos sorrindo que ela conseguia imaginar, um, em especial, lhe chama atenção: o sorriso de sua mãe. "Ah... Que saudade dos sonhos que minha mãe fazia...", Glória pensa, enquanto duas lágrimas caem. E, de repente, várias outras lágrimas se juntam às duas primeiras, molhando todo o rosto redondo de Glória. Ela sentia que o sorriso de sua mãe com hálito de hortelã estava cada vez mais próximo, real, à distância de um toque da sua mão.

Glória sente o rosto quente de sua mãe. É ela, é ela mesma! Glória a abraça. "Que saudade, mãe... Que saudade... A senhora... A senhora não podia ter ido embora..." Nesse momento, num retorno à realidade, Glória se afasta e percebe que sua mãe não pode estar ali. Ela morrera dez anos antes, num trágico incêndio numa loja de tecidos importados no Brás. Seu corpo só pôde ser identificado graças à Santa das Cruzes Verdes, que ela nunca tirava do pescoço. A Santa acabou grudada no peito da mãe de Glória depois do fogo. Um trauma.

– Mas, espera... Mãe? É a senhora mesmo?

Sua mãe apenas sorri e olha para o que está atrás de Glória. Ela se vira e vê um corpo enorme, gordo e triste, caído no meio da sala da sua casa. Embaixo dele há um saco de sonhos esmagado, com óleo e creme misturados, fazendo uma mancha no tapete e na camisa de linho branco.

– Meu Deus... Sou eu?! Mãe... Mãe do céu... Eu morri?

– Sim, minha filha, infarto... Infarto, com apenas 35 anos. Triste, muito triste...

Glória olha pela última vez sua sala. Na televisão está passando o *Jornal da Noite*. "Tudo bem, ela desliga quando a programação da TV acabar." A luz ficará acesa até a empregada chegar, no dia seguinte. As contas estão pagas... Está tudo certo, ela pode ir.

Filha e mãe se abraçam novamente. Glória faz um juramento à mãe: "Da próxima vez eu faço diferente, mãe. Da próxima vez eu faço melhor, prometo. Da próxima vez... Na próxima vida eu venho de Wagner".

As duas desaparecem, aos poucos. Como num sonho. Como num sonho dos grandes.

8º andar

MUNDO de Descontos

Para mais informações, por favor, dirija-se à recepção do sétimo andar.

Entre a mãe e a *firma*

Juca Tavares Poli era um homenzarrão – dos grandes, mesmo – chegando aos seus 46 anos. Não tinha lá muito talento com as mulheres, mas era conhecido por todo o mercado como um gênio dos números. Era gerente financeiro da MUNDO de Descontos, e só não era diretor financeiro porque realmente não queria. Não queria o cargo, nem as responsabilidades, nem a possibilidade de ir preso caso a empresa fizesse, digamos, transações escusas. Diretor financeiro é diretor estatutário, ou seja, responde legalmente pela empresa. Coisa forte.

E, por favor, não o chame de "Juca". É Tavares. E ponto. "Juca" é trauma para Tavares, que, por causa do nome, recebeu o apelido de "Balinha" em Taubaté, cidade do interior onde nasceu. Lembra das balas "Juquinha"? Delícia, não? As de coco são ou eram as melhores...

E tudo ia bem na vida de Tavares. De casa para o trabalho, do trabalho para casa, com uma rápida passada pelo *drive-thru* do *fast food* amarelo-vermelho do Ibirapuera, onde se abastece com fartos hambúrgueres do palhacinho. Vez ou outra muda o cotidiano e dá prazer ao seu corpinho visitando a "Casa da Matilde", um puteiro classe média num bairro de classe média ali perto do aeroporto de Congonhas. "Tudo muito limpo", garante Matilde.

Tavares, naquele dia, literalmente abriu a porta da sala para uma surpresa. Eram seis da manhã e ele não acreditou no que o porteiro do seu prédio lhe contara tão cedo. Sua mãe estava lá embaixo e desejava subir. Tavares não ficou com medo de notícia ruim, pois o pai já tinha ido desta para melhor fazia mais de trinta anos. Possivelmente era a mãe querendo apertar sua bochecha numa rápida passada por São Paulo, quando visita a rua 25 de Março para abastecer sua coleção de *Tupperware* – acreditou Tavares, tentando ser positivo e despreocupado.

Din-dong, fez a campainha. A porta rangeu e dona Esmeralda entrou esfuziante pela sala, já analisando a decoração e a limpeza da casa – algo comum nas suas visitas. Existia uma, ou melhor, duas grandes diferenças naquela aparição da mãe: as duas grandes malas que chegaram junto com seu cabelo fofo, desfiado e que desafiava a lei da gravidade, graças aos litros de laquê que destruíam cada dia um pouco mais a camada de ozônio.

— Mãe... O que faz a senhora aqui tão cedo? — perguntou Tavares, já não tão despreocupado.

— É para te ver desde cedinho, Juquinha — respondeu dona Esmeralda, num sorriso de mãe do ano. Sim, dona Esmeralda é a única que chama Tavares de Juca... E no diminutivo.

— E essas malas? — perguntou, com muito medo, o filho de dona Esmeralda.

— São para o meu quarto nesta casa, Tavarinho — contou a mãe, assim, sem delongas.

Sim, dona Esmeralda tinha vindo para ficar.

— Mas, como assim, mãe? — disse Tavares, atrás da mãe, que já invadia a cozinha.

— Sua tia Pina disse que você tava muito abatido, e filho meu não fica abatido — contou, procurando uma panela e fazendo cara feia para a geladeira quase vazia.

— Não estou abatido, mãe!

— Como não? — dona Esmeralda olhou Tavares da cabeça aos pés, parando na barriga melancia do filho. — Olha como você tá magrinho, Tavarinho!

Rápida, dona Esmeralda já pegou, em uma das várias sacolas de mão que trazia, alguns ingredientes que julgou viáveis para fazer alguma refeição digna de seu filhote.

— Vai, vai se arrumar para o trabalho que eu preparo tudo aqui, deixa comigo — dizia dona Esmeralda, já empurrando o filho para fora da cozinha.

— Mãe, são seis horas da manhã!

— Nossa! Já? Meu Deus, você está atrasado! Vamos, vamos... — pegando o filho pela mão.

— Aonde?! Mãe, eu quis dizer que é muito cedo! Não acordo antes das oito — disse Tavares, puxando a mão da mãe.

— Que que é isso?! Oito horas é muito tarde! Não, não... Juquinha, só trabalhando cedo que a gente progride na vida! — voltou a puxar o filho pela mão.

— Aonde você quer ir, mãe?

— Vou dar banho em você pra ir mais rápido. Acho que você continua naqueles seus banhos demorados...

– Não precisa, não precisa! – disse Tavares, sumindo pela casa. Dona Esmeralda sorriu, vitoriosa. Aquilo sempre dava certo.

I

Enquanto fazia o nó da gravata, Tavares pensava em como fazer a temida pergunta: "Quanto tempo a senhora vai ficar por aqui, mãe?". O receio não era pelo já conhecido melodrama de dona Esmeralda. Não. O receio era pela quantidade de dias-surpresa que vinham por aí. O pensamento foi se alterando pelo cheiro que invadia a casa. Cheiro, não, aroma. Delicioso... Aroma de tomates, ovos, orégano, leite quente.

Tavares até acelerou o passo para chegar logo à sua cozinha – que brilhava pelas mãos de dona Esmeralda. A mesa estava montada com os parcos objetos que estavam disponíveis – aqueles talheres de cabo branco, um jogo americano que ganhara de brinde na compra de cinco hambúrgueres num disque-comida dali perto e um copo meio marrom, de um vidro que não se quebra nunca. Pena que a faxineira não sabe da propaganda e consegue quebrar um toda quinta, no dia da limpeza de cinquenta reais.

Dona Esmeralda sorria esperando o filho, que se sentou, maravilhado. Depois de alguns bons vinte minutos de fartura alimentar, dona Esmeralda continuava dando comida ao filho, como se Tavares ainda tivesse cinco anos.

– Só mais uma colherzinha... Só mais uma... – dona Esmeralda fazia ruído de aviãozinho. – *Tadê* o tutuquinho da mamãe?

Tavares, vencido, abre a boca, para dona Esmeralda ficar feliz. Ele engole o mingau com raiva, e num golpe só tira o guardanapo do pescoço e vomita a pergunta, a temida:

– Mãe, quando você volta pra sua casa?

– Só quando você estiver melhor – sentencia ela, sem uma possibilidade de contra-argumento.

– Mas eu nunca fiquei doente, mãe!

Dona Esmeralda faz que não ouve, levanta e leva o prato de Tavares para a pia. Numa velocidade que nem os olhos do filho conseguem acompanhar, a mãe em segundos está de volta à mesa, com algumas fatias de pão e frios. Três rápidas passadas de dedos e pimba! Dois sanduíches bem gordos, enormes, estão sendo fechados em um dos potes transparentes de dona Esmeralda. Num arremate de artista, uma sacola aparece e faz as vezes de babá dos sanduíches. Tudo pronto para Juquinha, ops, quer dizer, Tavares.

– Você trabalha demais! Tá muito abatido – diz a mãe, colocando a sacola na mesa.

– Trabalho como todo mundo – responde Tavares, tentando se conter.

– Seu José me contou que ontem você chegou eram mais de nove horas!

– Quem é seu José?

– O porteiro, oras...

– A senhora está perguntando da minha vida pro porteiro?

Dona Esmeralda apenas sorri, enigmática. Ela começa a recolher o resto da louça da mesa e se encaminha com tudo para a pia. Parece até um general chegando a um campo recém-conquistado. Dá gosto de ver a dona Esmeralda trabalhando.

– Mãe, é assim mesmo! Todo mundo trabalha até tarde hoje em dia! – diz Tavares, num tom mais estridente, como se tivesse injetado Red Bull na veia.

– Você tá muito estressado, Juquinha Tavarinho – diz a mãe, sem olhar para o filho, focada no detergente e no *Ensaboa-mulata-ensaboa/ Ensaboa-tô-ensaboando*.

– Para, mãe!

Dona Esmeralda não se abate. Enxuga as mãos no pano de prato com um desenho de uma pata com chapéu de caça num ponto-cruz bordado há anos por ela mesma. A mãe vai até o filho e entrega a sacola com os sanduíches que está em cima da mesa.

– Pra que é isso?

– Seu lanchinho antes do almoço. Esse nervosismo todo só pode ser fome. Você tá muito magrinho... – diz, apertando as bochechonas do filho. – E não se preocupe, que eu levo seu almoço na sua firma. Quero ver onde estão fazendo meu filho de escravo!

– Pelo amor de DEUS! A senhora não me apareça no escritório! – diz ele, passando a mão no rosto marcado pelas grandes unhas da mãe.

Aquele parecia ser o clímax de tudo. O momento esperado por

Tavares. O drama. A consagração da novela mexicana. Dona Esmeralda desfez o sorriso para uma feição de dor, de mágoa. Apenas um olho se encheu de lágrima. Apenas uma lágrima caiu. Uma lágrima grande, gorda e cheia de sofrimento. A mão de dona Esmeralda começou – meu Deus, ela começou! – a bater no peito. Uma batida depois da outra, com um intervalo no início um pouco longo, que vai diminuindo ao mesmo tempo que a batida fica mais forte. Mais sentida. Mais comovente.

– Tem. Vergonha. Da. Sua. Mãe?! – num suspiro, num sofrimento além da alma, dona Esmeralda encara Tavares, que já começa a se arrepender de não ter dormido no puteiro na noite anterior. – Filho. Com. Vergonha. Da. Mãe!

Tavares olha para cima, esperando a próxima cena. Ele já sabia o desenrolar de tudo o que ia acontecer. A mãe, para ele, era como um livro de Dan Brown. A gente sabe o que vai acontecer, mas mesmo assim vai até o fim.

– Que Deus me leve embora! Não criei filho pra isso! – dona Esmeralda joga o rosto para um lado, para o outro, se apoia no filho, como se Tavares tentasse segurá-la. "Como se", porque, de fato, o filho não tenta segurar a mãe, já que tudo é parte de uma encenação que Tavares conhece muito bem.

– Me deixa! Me deixa ir! – dona Esmeralda faz que se desvencilha do filho e segue para a sala, chorando alto. Tavares permanece onde está. Ele fica de costas para a porta da cozinha, quando, num rompante de criatividade, dona Esmeralda antecipa a fala e grita:

– Aposto que tem alguma vagabunda lá que você não quer que eu conheça! Onde se ganha o pão não se come a carne, Tavarinho!

Dona Esmeralda sai pelo apartamento correndo para o quarto que deveria ser de televisão, mas que, claro, já é dela. Tavares respira fundo enquanto consegue ouvir a mãe ao longe: "Prefiro morrer, meu Deus! Prefiro morrer a ver filho meu com vagabunda! VA-GA-BUN-DA!".

Tavares se levanta, pega a sacola de sanduíches e diz baixo, apenas para cumprir a fala de seu papel: "Mãe...". E, também cumprindo o roteiro da vida, o bom filho vai atrás da boa mãe, tentando ficar bem com ela. "Vai que a velha morre", pensa Tavares, num misto de culpa e desejo.

II

Depois de participar de sua segunda reunião na MUNDO, Tavares senta-se à sua mesa e atende o telefone, que parece gritar. A dor de cabeça é uma mistura de estresse com a mãe, esgotamento com a reunião de orçamento da empresa e fome. Sim! É fome também. Enquanto tira o telefone do gancho, Tavares pega a sacola que a mãe lhe dera.

– Tavares/MUNDO – atende ele, no automático. – Fala, mãe... Não, mãe... Não tenho vergo... Não... Não tenho vergonha do meu nome... É que é assim, todo mundo se chama pelo sobrenome – jura ele, mentindo para a própria mãe! Mentindo para dona Esmeralda! – Tá aqui, já comi sim. Ainda tem... Tá, olha, vou dar uma mordida para a senhora ouvir. Hummmmm... Delícia! – e ele não estava mentindo desta vez.

Enquanto encerra a conversa com a mãe, Tavares realmente se farta de prazer com um simples sanduíche. Dona Esmeralda tem mesmo mão para a cozinha.

Duas pessoas que se sentam próximo chegam até a mesa do filho da dona Esmeralda para pegar um pedaço daquele banquete. Tavares fecha a sacola, impedindo o ataque. Aquele acepipe seria apenas dele. Além do mais, aqueles dois eram do marketing, área que Tavares odeia. Tavares sempre acha que o marketing gasta demais e trabalha de menos, e a mágoa é maior: a dupla marketeira Roberta & Seu Estagiário nunca compensam o trabalho de Tavares no financeiro, quando tem que liberar pagamentos mal planejados desses dois, simplesmente porque "é marketing, e marketing não pode fazer parte de processos burocráticos", fala o estagiário de Roberta, num tom arrogante, com sorriso de "eu tenho, você não tem". Nem mesmo se lembram dele para um convite dessas festas que sempre acontecem no maravilhoso mundo da propaganda. Além do mais, Roberta nunca sequer comentou com a Rádio Peão sobre os e-mails anônimos que ele manda para a gerente de marketing falando de sua beleza. Tavares tem o coração partido por Roberta. Tadinho...

III

Quando a porta se abre para o *hall* do SP Centrale, uma simpática senhora entra, pé ante pé. Ela fica estupefata com a riqueza de tudo ali. "Gente do céu, quanto custou tudo isto?", pergunta, em tom de voz normal mesmo. Ainda com a mão na boca, fica ainda mais chocada com os detalhes da – falta de – limpeza de alguns lugares escondidos daquela área. Os olhos de dona Esmeralda são treinados para encontrar vestígios de preguiça do pessoal da limpeza. Ela – e só ela – percebe o pouco pó restante num canto aqui, num vaso ali, numa parede do outro lado. "Que adianta tanta pedra bonita se ninguém limpa direito?", pergunta novamente, com sua voz em tom normal, audível.

Ainda ultrajada com a sujeira invisível, dona Esmeralda se dirige para a recepção. Lá, encontra ninguém mais, ninguém menos que a nada simpática recepcionista "Uanda".

– Bom dia, menininha, tudo bem?

– Bom dia, em qual empresa e com quem deseja falar, por favor? – responde "Uanda", num tom robótico e educado por treinamento.

– Vim falar com meu filho, o Juquinha.

"Uanda" olha para aquela senhora vestida de quindão, num redondo vestido amarelo dos anos 1960 amarrado por um cinto largo com uma fivela grande nada, nada discreta. A recepcionista tem certeza de que aquela resposta não está em seus livros de treinamento e autoajuda do curso "Como crescer e aparecer na profissão".

– Desculpe-me – diz "Uanda", num português que ela acha chique e correto. E completa: – Acredito não ter entendido em qual empresa que a senhora deseja ir.

– Ih, minha filha... Também não sei o nome da firma do Juquinha, não.

Dona Esmeralda tira um pequeno embrulho de sua grande sacola e entrega para a recepcionista com cara de manequim de loja de perucas. – Mas olha só! Um presentinho para você conseguir encontrar meu filhinho. O nome dele é Juca Tavares.

"Uanda" aceita o pacote cheio de biscoitinhos caseiros – claro que feitos pelas mãos gordinhas de dona Esmeralda. Quase que a recepcionista dá um sorriso de satisfação. Ela só não mostra os dentes para a senhora-quindão porque esqueceu, há muito tempo, como é sorrir para alguém.

IV

Tavares corre pelos corredores da MUNDO. Ele não pode acreditar no que acabou de saber. A recepcionista da empresa jura que sua mãe está ali. Ali, meu Deus, na recepção da empresa!

Ele vira em um corredor, entra em outro e um pouco antes de chegar à recepção já sente duas coisas: que lá vem confusão e o cheiro da comida da mãe. Um burburinho também é ouvido, mas a barriga melancia de Tavares fala mais alto e ele não dá ouvidos para algumas vozes que vêm também da recepção.

Ao chegar à recepção da MUNDO, Tavares quase tem um colapso nervoso. A cena era brutal até mesmo para seu estômago: sua mãe, embrulhada num grande tecido amarelo, distribuía biscoitinhos para todas as pessoas da empresa que por ali passavam. Vergonha. Um pouco mais atrás, Tavares via o CEO da empresa, o temido-salve-salve Wagner Nóbrega, saindo do elevador e se dirigindo para a recepção com cara de poucos amigos. Medo.

Um segundo antes, uma das assistentes comerciais acabava de passar por Tavares cheia de biscoitos na boca, balbuciando entre uma mordida e outra: "Tavares, que mãe, hein!".

Aquele era o fim. Tavares já se via ridicularizado pela empresa, despedido pelo presidente e, o pior, tendo que voltar para a casa da mãe, no interior. Mas ele tinha certeza de que apenas voltaria para a casa da mãe, o que não significaria que moraria com ela. Afinal, Tavares já planejava a morte daquela mulher que insistia em chamá-lo de Juquinha e que jurava por Deus e pelo diabo que o havia parido. Ele, várias vezes, desconfiava que realmente tivesse saído daquela deselegante senhora.

– Que que a senhora tá fazendo aqui, mãe? – diz Tavares entre os dentes, já ao lado do quindão que anda.

– Vim trazer o almoço do meu Juquinha.

– Mãe do céu... Ninguém faz isso aqui.

– Se as mães dos outros são tudo *desnaturada*, eu não sou! Filho meu se alimenta de comida – dona Esmeralda responde até um pouco brava. Ela pega a sacola com o almoço do filho e entrega para Tavares, ao mesmo tempo que começa a arrumar o terno dele.

Nesse momento, o pior pesadelo se realiza. Wagner está parado na recepção olhando toda aquela balbúrdia. As pessoas pegam seus saquinhos com biscoitos e saem do campo de visão do chefe-deus. Ficam ali apenas Tavares e dona Esmeralda. A recepcionista ficou invisível, praticamente um abajur apagado. Tavares exibe aquele sorriso sem cor – pior até que o sorriso amarelo. Dona Esmeralda, mais corajosa, mantém seu sorriso e já saca mais um pacote de biscoitos.

– Que está acontecendo aqui? – Wagner pergunta, num misto de deboche e prazer.

– Wagner, desculpa... É só a minha...

Dona Esmeralda, num rompante de loucura, vai até Wagner, dá dois beijos nele, pega os biscoitos e os coloca em sua mão.

– Tudo bem, meu filho? Eu sou a mãe do Tavares – o quindão rodopia e pergunta para o filho: – Vocês trabalham juntos?

– Mãe! Ele é meu chefe!

Wagner encara dona Esmeralda, como se dissesse: "Agora eu quero ver você sair dessa".

– Ah, então é você que faz o Juquinha trabalhar tanto assim? Isso não faz bem, viu?... – dona Esmeralda diz em tom de bronca, com o dedo na cara do chefão da MUNDO. – Olha só como ele tá magrinho, não tá nem comendo direito!

Naquele momento, Tavares adoraria morar em zona de confronto militar só para uma bomba cair no SP Centrale e acabar com toda aquela cena digna de *Alice no País das Maravilhas*.

Já sem forças, Tavares praticamente assopra sua última frase:

– Mãe, pelo amor de Deus... O Wagner é o CEO da empresa, foi ele que me contratou.

– Ele tem o quê, "Se-O"? – dona Esmeralda pergunta, preocupada.

– Presidente, mãe, ele é o presidente da empresa.

Pronto. Melhorar é difícil, mas piorar...

Dona Esmeralda vira uma mãezona-ítalo-espanhola, meiga, afável, fofa mesmo. Ela pega na mão de Wagner, cheia de amor para dar e vender:

– Ô, meu filho, obrigada, obrigada... O Juquinha é ótimo profissional. Obrigada pela oportunidade que você deu a ele. Você tá todo dia nas minhas orações pra Nossa Senhora do Perpétuo Socorro, viu?

Wagner encara novamente dona Esmeralda. Agora, com medo. Ele consegue sua mão de volta, pega o saquinho de biscoitos e some para dentro da empresa.

V

Tavares chega até sua baia de trabalho, senta e desabotoa a calça. Está em estado de graça plena. "Morrer deve ser assim...", imagina. O almoço de sua mãe não poderia ter sido melhor. Fazia tempo que não tinha tanto prazer – nem mesmo na casa das suas "amigas". Mas uma lembrança terrível vem à sua mente, fazendo com que todo aquele momento de alegria e comemoração desaparecesse. Tavares conseguia vê-lo novamente mandando sua mãe sumir dali. Dali, ele quis dizer, da recepção, do prédio, da cidade e, por que não, do planeta Terra. Ao ver Wagner praticamente fugindo de dona Esmeralda, Tavares falou coisas horríveis para a mãe. Disse até que nunca gostara de seus biscoitos amanteigados – e essas delícias são a grande receita de dona Esmeralda. Peninha do quindão. A cena foi imprópria para menores... Triste mesmo.

Tavares também lembrou que havia dito à mãe que ela tinha até o fim do dia para sair da sua casa. Quando coloca a mão no telefone para impedir que dona Esmeralda voltasse para o interior e ele assim perdesse seu banquete de graça e garantido, Wagner chega até sua mesa. Tavares, agora, quer que a mãe, novamente, suma de uma vez por todas. Ele recoloca o telefone no gancho e espera pelo pior.

– Tavares, por um acaso você tem mais um destes? – Wagner pergunta, mostrando o saquinho de biscoitos de dona Esmeralda. O saquinho... vazio.

9º andar

MUNDO de Descontos

Andar exclusivo para os varejistas Mundo. Por favor, procure a recepção do sétimo andar.

Grata pela cooperação,
Recursos Humanos

O que será o amanhã? Responda quem puder

Coxinha estava histérico. Esse apetitoso apelido, Coxinha, era a marca registrada do quarentão guarda noturno da loja do Itaim da MUNDO de Descontos, o maior varejo da América Latina.

Aquela não tinha sido uma boa noite para o nosso guardião. Entre uma volta aqui e outra ali nos três mil metros de loja que enfeiavam o charmoso bairro paulistano, Coxinha teve um sonho aterrorizador. Ele viu claramente o choque de um avião no chão. Uma explosão terrível. Um barulho de acordar até mesmo aqueles que colocam silicone no ouvido e têm janelas antirruído. Dor, medo, angústia exalavam das ferragens e de seus passageiros. E, dentre os 130 passageiros, Coxinha via um rosto que o assombra há tempos naquela foto que fica no escritório do gerente da loja e que tem a singela plaquinha com os dizeres: "Wagner Nóbrega – CEO MUNDO". Coxinha aprendeu que aquele era o presidente da empresa onde trabalhava já fazia dez anos. "Ah, então 'seu' se escreve com 'C'?", perguntou para a assistente de RH, que foi fazer sua visita semestral aos *associados varejistas* da MUNDO. "Como assim?", perguntou a nada animada moçoila. "É que tá escrito 'CEO MUNDO'" – reforçou Coxinha, olhando para aquela foto, pensando que um dia poderia estar ali também. A nada animada moçoila nem riu. Achou a piada sem graça. Coxinha, a partir de então, assinava para a namorada: "Um *bejo* do *ceo Cochinha*". Ai, ai...

E Coxinha, de um pulo só, acordou da cadeira e percebeu. Aquele sonho era um aviso. "Meu Deus! O presidente vai morrer num acidente!!!" O sonho foi realmente digno de três pontos de exclamação.

I

Coxinha correu com seu corpo coxinha em disparada para o prédio onde ficava a tal da Matriz da MUNDO. Ficava perto da loja, do outro lado da grande avenida de luz branca que mistura arquitetura moderna--cafona-de-vidro com lojas de carros e pneus. Coxinha foi que foi. Não queria parar nos faróis vermelhos e quase fez um taxista atropelar suas pernas finas e seu tronco gordo. Ele, Coxinha, tinha que salvar o mundo. Ou pelo menos a MUNDO.

Ao chegar no saguão do edifício, o sofisticado SP Centrale, o guarda noturno parou a corrida. O *hall* era tão rico, tão cheio de detalhes, tão ostensivo, que fez Coxinha voltar a ter a cabeça baixa e falar sem olhar nos olhos do segurança de terno preto e fone de ouvido (nesse momento tocava Ivete Sangalo) que se aproximou para barrar aquela... coxinha.

– O que está acontecendo, amigo? – perguntou o segurança, na maior discrição possível, para não assustar os executivos e executivas que chegavam para o trabalho. Em especial uma pequena senhora vestida de bege, de chanel bege-cor-cocô, praticamente sem boca, que ficou bem abalada ao quase ser pisoteada pelo Coxinha.

– Preciso falar com o presidente!
– Que presidente?
– O da loja. É urgente. Vai acontecer um acidente com ele!
– Como assim?
– Eu sonhei, sonhei com ele... Preciso falar com ele agora – Coxinha molhava seu rosto com lágrimas que se juntavam ao suor da corrida. O cheiro era insuportável. Tanto que o segurança de terno preto tirou a mão do braço do guarda noturno, com vontade de cortar a mão fora. Cheiro assim não sai nem com creolina.

O segurança de terno preto já não estava mais aguentando o cheiro de suor de Coxinha, quando o desejo do guarda noturno se realizou. Lá estava ele, o presidente! Saía do elevador que levava às garagens. Impecável.

Coxinha correu e pegou os dois braços de Wagner Nóbrega, o CEO MUNDO.

– Seu presidente, eu preciso falar com o senhor! Por favor!
– Que cheiro é esse? – gritava Wagner. – Me solta! Me solta! Socorro!

Os seguranças não se aproximavam. Não sabiam o que fazer.

– Seu presidente, me ouça. Eu sonhei com você. Sonhei que morria num acidente de avião. Pelo amor de Deus, não viaje. Não hoje, não amanhã.

– Mas quem é você? – Wagner perguntou, calmo. E, calmamente, tirou as duas mãos de Coxinha de seus braços.

– Eu trabalho na loja do Itaim. Eu só conheço o senhor pela foto do escritório do seu Pedro, o gerente. Mas quando vi o rosto do senhor no sonho reconheci na hora.

– Que sonho? Explique melhor – Wagner pediu para Coxinha, que já estava se acalmando. Wagner fez sinal de que estava tudo bem para os seguranças de terno preto, que agradeceram a todos os santos que conheciam por não ter que pôr a mão naquela coxinha podre.

– Um acidente de avião. Um horror. Muita gente morta... – Coxinha para. Sente que vai chorar.

– Tudo bem, continue... – Wagner falou, com voz de amigos íntimos.

– E aí... Aí... Eu vi o senhor, o seu rosto. O senhor estava morrendo. Por favor, não viaje hoje. O senhor vai viajar?

Wagner não respondeu. Wagner conhecia sua agenda de cor e salteado e sabia que, no dia seguinte, teria uma viagem para visitar lojas de outros estados. Naquele momento, resolveu que não iria.

– Obrigado – Wagner já não estava mais tão íntimo. – Pode ir. Qual é seu nome mesmo?

– É Coxinha...

– Coxinha?!

– É como me conhecem. Mas meu nome mesmo... – Wagner já estava passando o crachá na catraca quando Coxinha ia falar qual era seu nome verdadeiro. Os seguranças, de longe, pediram ao guarda noturno que fosse embora. Coisa que fez. Mas já aliviado, com a missão cumprida. Agora era com Deus e Wagner. Ou seja, com a mesma pessoa.

II

Na manhã seguinte, Wagner ficou um pouco mais na cama, já que não precisaria pegar o voo das 6h30. Às 7h, ligou a TV e lá estavam, em edição extraordinária, imagens ao vivo de um avião em chamas e o jornalista contando que os 129 passageiros a bordo haviam morrido. Wagner levantou-se, vestiu o terno e se dirigiu para o escritório. Na sua sala, deu algumas ordens para a nada animada moça-assistente-RH e seguiu para o aeroporto. Ia pegar o primeiro voo para o destino para o qual deveria ter seguido às 6h30. Wagner nunca havia se sentido tão bem. Afinal, até a morte ele conseguira enganar. E, ele tinha certeza, um raio não caía duas vezes no mesmo lugar.

III

Coxinha estava no seu quarto-cortiço, na avenida Brigadeiro Luís Antônio, quando foi acordado pelo pagode que fazia as vezes de toque do celular pré-pago, cujo aparelho era de última geração – aquele que nem Wagner tinha. A noite foi longa na loja, mas pelo menos não havia tido outro pesadelo com o presidente.

– Alô – atendeu, com voz de sono.

– É... É... o Coxinha? – perguntou a voz do outro lado, sem ter certeza de que aquilo pudesse ser nome de gente.

Coxinha levantou-se num pulo só. Precisava correr. O RH da MUNDO pediu a ele que fosse até o escritório. "O Senhor Wagner pediu que eu mesma falasse com você. É sobre um sonho...", disse a voz anasalada da nada animada moçoila-assistente. O guarda noturno vestiu sua roupa mais bonita, a que usava nas noites de sábado para arranjar namorada: calça azul-escura com quatro pregas de cada lado com a barra deixando a canela à mostra; camisa verde-clara de botões brancos com manga curta, que, olhando de longe, pareciam barbatanas de peixe; meia branca com mocassim marrom-claro e, claro, um cinto de corino preto transpassado fazendo as vezes de uma trança, que ficava preso com uma fivela dourada. Um luxo. Abusou no desodorante para ficar bem cheiroso, colocou o relógio pesado e dourado já descascando e o anel que ganhara numa rifa. O arremate foi o gel fazendo ondas no oleoso cabelo. Estava pronto.

Seguiu para o luxuoso prédio da matriz e descobriu que realmente havia caído um avião. Todos só falavam disso no ponto de ônibus. "Por isso que não ando de avião", bradou uma jovem senhora que não devia ganhar o suficiente nem para si, quanto mais para uma cara passagem aérea. Coxinha ficou ainda mais feliz. Definitivamente, aquele acidente mudaria sua vida. Tinha certeza de que ele e o presidente ficariam amigos. Achou que ganharia alguma gratificação financeira, mas quis mesmo acreditar que seria promovido para ir trabalhar naquele escritório pomposo. "Vou precisar de mais roupas bonitas", concluiu. Enquanto divagava, errou o ponto em que ia descer e acabou ficando no seguinte, a mais de seiscentos metros do escritório. Some a distância, o calor úmido de trinta graus em pleno julho e o sol que não se escondia. Resultado? Uma pizza de muçarela do tamanho grande, por favor, embaixo de cada braço de Coxinha. Sem falar das costas, que já grudavam a camisa de cima a baixo. E o cheiro?

IV

Ao chegar ao SP Centrale, Coxinha falou com uma senhorita com o nome "Wanda" no crachá. Coxinha chamou a pequena pelo nome e levou seu primeiro pito. "É 'Uanda!'", respondeu a recepcionista. Coxinha deu um sorriso doido, sem entender nada. Entregou sua carteira de identidade, tirou uma foto e viu "Uanda" falando com alguém ao telefone. Recebeu seu crachá que abria as portas daquele palácio do século XXI.

Quando chegou ao andar da MUNDO, a moçoila do RH já o aguardava com uma pasta na mão. Estava menos morta que quando ia até a loja. Ali na matriz, seu personagem era um pouco mais feliz, tinha postura, voz e trejeitos de amiga-confidente. Jeitão de RH.

– Sr. Coxinha, por favor, me acompanhe – disse a moçoila, querendo tapar o nariz. Enquanto seguiam para a sala de reunião, a recepcionista ia jogando perfume de ambiente L'Occitane para amenizar o futum que Coxinha deixava no ar.

– O nosso presidente me contou sobre um sonho que você teve. Podia explicar melhor para mim? – a moçoila perguntou assim que fechou a porta da sala de reunião, colocou a pasta na mesa e voltou a ser a nada animada assistente de RH. Coxinha contou tudo. Contou do sonho; do temor que teve; da corrida até o SP Centrale; do segurança de terno preto que tentou impedi-lo de salvar o patrão; da conversa com Wagner no saguão. Contou até do telefonema que recebeu da mesma moça que estava na sua frente. Nesse momento, a assistente de RH pediu a ele que parasse.

– Olha... É muito chato tudo o que aconteceu – falou a assistente.
– Como?
– Todos temos que fazer nosso trabalho, e você, pelo jeito, não está fazendo o seu direito. Wagner ficou muito desapontado com a sua atitude. Ele acredita que todos os funcionários da MUNDO são responsáveis, gostam do que fazem, suam a camisa pela empresa.

Coxinha estava com a camisa toda suada. E não entendia nada. A moçoila continuou.

– Por isso, estamos desligando você do quadro de funcionários da MUNDO. Ainda consegui que não fosse por justa causa. Veja bem... Estamos sendo bem legais, apesar da falha gravíssima do seu trabalho.

– Desculpa – arriscou Coxinha – Não estou entendendo a senhora. Eu salvei o presidente. Eu não fiz nada de errado.

– Não? – a assistente se aproximou de Coxinha, fingindo não sentir o cheiro de cachorro molhado na sala.

– Fiz? – Coxinha perguntou em voz baixa, com medo da moçoila.

– Vamos ver... O senhor sonhou com o presidente durante seu turno, certo?

– Sim...

– E será que o senhor deveria estar sonhando durante o seu turno?

Coxinha não respondeu.

– Qual é mesmo seu cargo?

Silêncio.

– Qual é mesmo seu cargo? – perguntou a assistente, novamente.

– É... É... guarda noturno.

– E guarda noturno dorme à noite, meu caro?

Coxinha assinou a papelada da demissão sem questionar e ainda agradeceu por não ter sido por justa causa.

10º andar

Sidar Incorporação

Razão social: Sidar Incorporação e Construção Civil Ltda.
Posição no mercado: 1º lugar
Faturamento: US$ 3 bilhões
Número de funcionários: 4.000 "colaboradores" com operários
Tempo de vida: 45 anos
Tempo de SP Centrale: 5 anos
Missão da empresa: "Construir"
Curiosidade: A Sidar é a construtora do SP Centrale e foi a primeira empresa a instalar escritório no edifício, cinco anos atrás.

Pequenos poderes

I

Dayse estava agitada, nem dormiu direito de ontem para hoje. Ela foi sorteada na Caixa Econômica e terá sua casa própria em dois anos. Será a vinte quilômetros do trabalho, mas vale a pena. Já sonha com a mesa de jantar de alumínio pintado de branco com tampo de vidro. "Quero a de seis cadeiras", pensou, enquanto arrumava o cabelo para mais um dia de labuta. Naquela quarta-feira, trabalharia linda, ainda com mais gosto. "Na volta, dou uma espiada no Lojão", resolveu, enquanto arrematava o coque com mais um grampo. O Lojão era um grande galpão de móveis e eletrodomésticos que vendia tudo em 56 vezes com juros bem grandes e pagos com carnê, mediante apresentação do holerite. Dayse correu para o ponto de ônibus. Não queria se atrasar de jeito nenhum. Já eram cinco da manhã e de onde morava até o SP Centrale Downtown Financial Center eram mais de duas horas de viagem.

II

Do outro lado da cidade, um pouco mais perto do Itaim, onde fica o SP Centrale, Eleno se preparava para outra jornada de dezoito horas de trabalho. Que ele adorava. Levantou-se, como em todos os outros dias, de sua cama redonda com lençol de cetim branco. O pijama, também de cetim, era azul-royal, que combinava com seu chinelo felpudo branco estilo "vovó". Os pelos do peito saltavam do decote em V da camisa de manga curta com botões azul-petróleo. Aliás, os pelos também saíam pelas aberturas de todos os outros seis botões do pijama. Isso sem contar os pelos das costas, que formavam uma espécie de enchimento traseiro e criavam uma textura sob o cetim. Nojo, nojo, nojo.

Eleno olhava seu apartamento de 43 m² sempre com orgulho. "São dois quartos", bradava com ar de homem bem-sucedido para as copeiras da Sidar. Como num feitiço do tempo, em que tudo se repete sempre, ele acordou às 6h, tomou um copo de leite gelado com Ovomaltine, lavou a louça e "a" taça de vinho usada na noite anterior. Como sempre, sozinho, abria uma garrafa de Almadén branco – jurava que era muito chique – e bebia aquele vinho ácido, inteiro, enquanto passeava pelas salas de bate-papo da Internet. Vez ou outra marcava encontro com algum *bofe*. Esses encontros tardios geralmente terminavam em cima de seus lençóis de cetim e com a carteira aberta para a retirada de 50 reais para o pagamento dos serviços de seu encontro virtual-real. Eleno sonhava com o dia em que um desses moços com pele ruim e abdômen sarado permanecesse no seu apartamento, onde os dois compartilhariam todos os dias aquela garrafa de Almadén. Não se importaria em pagar por isso. Apenas queria ter a certeza de uma companhia para o próximo inverno, que já estava perto.

Depois do banho, Eleno passava aquele creme comprado de uma das secretárias da Sidar que também era consultora de alguma empresa de cosmético porta a porta. Ele se lambuzava todo, de ponta a ponta. Geralmente, nessa hora sonhava com seu *bofe* passando o creme nas suas costas. "Bem, vamos lá", falava, decidido, e afastava aquele sonho recorrente – e que nunca, jamais se realizaria. Depois de vestir seu terno comprado num bazar de fim de ano – com desconto ótimo, de R$ 3000 por R$ 600 –, Eleno dá uma última checada no visual, tenta esconder a calvície mais que visível com fios longos, que vão de uma ponta a outra na cabeça, passa um pouco de perfume (também da secretária--consultora) e coloca no passante da calça seu acessório exclusivo: um chaveiro com mais de cem chaves, que, quando ele andava, fazia um barulho, no mínimo, irritante. Todos da Sidar sabiam que Eleno estava a caminho graças ao som daqueles pequenos metais batendo um no outro.

III

O relógio do alto do edifício em frente ao SP Centrale marcava 7h30 e Dayse já estava preparando as xícaras do nono andar daquele dia. Com seu uniforme, a copeira de sorriso fácil estava pronta para as chamadas que começariam dali a pouco e só parariam às 18h. Por dia, ela servia uma média de 320 cafezinhos, com ou sem açúcar, com ou sem adoçante. Servia também chocolates, chás, sucos de laranja, de acerola e de abacaxi – dependendo da fruta da época –, além de preparar as travessas de frutas frescas que ficavam sempre sobre as mesas dos diretores. Ela era responsável também por nunca faltar copos de água nas salas de reunião – doze, no total daquele nono andar –, além de retirar todos os rastros deixados pelos gerentes, coordenadores e vendedores estressados, que nunca podiam deixar os copos vazios na lata de lixo. Dayse estava louca para chegar a hora do almoço para contar a Grazianne, a copeira do décimo andar, sobre sua casa nova. Dayse confiava em Grazianne e sabia que ela não jogaria olho gordo na felicidade dela.

IV

Eleno chegou com os passos velozes de sempre para dar vida ao seu cargo: chefe-de-almoxarifado-faz-tudo. Subiu direto para o décimo andar e checou se todas as 22 salas de reunião estavam limpas e arrumadas, verificou se a geladeira dos diretores estava com as águas com e sem gás que cada diretor preferia e se dirigiu à cozinha para ver como estava Grazianne. Com seu olhar de lince, Eleno deu um seco bom-dia e pediu à tímida copeira que desse uma "voltinha", atendido prontamente por Grazianne. Por um segundo, o coração de Eleno bateu mais forte de tanta felicidade, ao ver um pequeno rasgo na parte traseira da saia da copeira.

– Mo-ci-nha, já disse que VOCÊ não pode ser desleixada. Olhe esse rasgo! Um absurdo!

E seu olhar achou outro erro fatal. Nesse instante, ele se dirige à pia e constata que as frutas que o presidente pediria dali a duas horas não estavam lavadas, cortadas e geladas.

– E ainda por cima não fez seu serviço! Quer moleza, mocinha?

Ela não conseguia responder, a voz tremia, como todo o seu corpo.

– Desculpe, seu Eleno, eu vou me trocar agora mesmo e arrumar as frutas.

Eleno deu um pequeno sorriso e concluiu a conversa:

– Não aguento mais suas desculpas. Vá se trocar JÁ! E arrume essas frutas AGORA! Mais uma falha grande como essa...

Ele não terminou a frase. Não precisaria. Grazianne entendeu perfeitamente, apesar de ter estudado somente até o terceiro ano do Fundamental e só saber escrever seu nome e o do namorado. Quando

Eleno saiu da cozinha, Graziane pôde relaxar um pouco as pernas. Não chorou, não dava tempo. Ela tinha que correr para o banheiro, trocar de roupa e limpar o chão. Eleno não viu, mas Graziane tinha feito xixi na saia.

V

Dayse ligou para o ramal da cozinha do décimo andar, mas sua colega Graziane não atendeu. Achou estranho, desligou o telefone e virou o corpo para a porta da cozinha, dando de cara com Eleno.

– Já disse que VOCÊS não podem usar telefone! – falou Eleno, olhando fixo para Dayse, reforçando palavra por palavra.

– Ai, Eleno, que susto! Eu não *tava* ligando pra fora, *tava* tentando falar com a Graziane.

– Primeiro que não é Eleno, mocinha, é SEU Eleno, entendeu?

– SEU Eleno – Dayse disse, imitando o chefe.

– E o que VOCÊ estava querendo falar com a Graziane?

– Eu... – por um momento, quase que ela conta da casa nova para Eleno. Dayse estava radiante, precisava dividir aquela alegria com o mundo.

– "Eu..."? – repetiu Eleno.

– Eu... eu ia perguntar se a Dayse tinha mais adoçante. O daqui *tá* acabando.

– É mesmo? – falou Eleno com olhar, trejeitos e voz irônicos.

– Sim, SEU Eleno.

– Então, com licença, mo-ci-nha! – Eleno se dirige ao armário atrás da copeira. – Então, o que é isto aqui? – ele pergunta, segurando um pacote com cem sachês de adoçantes.

Dayse não responde, abaixa a cabeça.

– Mocinha, mocinha... Tente ser inteligente antes de pensar em me enganar. E não haverá próxima vez, entendeu, DAY-SE? – pergunta Eleno, com tom ameaçador. A copeira apenas abana a cabeça. Ele sai da cozinha.

VI

No corredor, Eleno viu ao longe o diretor comercial chegando. Seu personagem mudou, seu andar ficou mais lento, os barulhos das chaves batendo diminuiu.

– Bom dia, dr. Lázaro – sorriu Eleno, com todo o corpo redesenhado, dando ar de subalterno-manso.

– Bom dia – respondeu o diretor, em voz baixa, sem tirar os olhos do jornal que levava nas mãos. A manchete da *Folha de S.Paulo* daria o tom do humor daquele homem durante todo o dia: Flamengo 1 X Corinthians 4. Lázaro, além de carioca morador de São Paulo, era flamenguista. Roxo-Vermelho.

Eleno acelera o passo, desmancha o sorriso e sobe para o décimo primeiro andar para fazer a ronda com Matilda, a copeira que acabara de começar no andar da área financeira.

VII

Lázaro continua andando, mas, agora, tem nas mãos o contrato que deveria ter terminado de ler no dia anterior. São 8h e às 9h30 terá a reunião mais importante do dia. Vai finalmente vender a cobertura mais cara e micada da área imobiliária da Sidar. Quanto custa? Vinte e dois milhões de reais. Isso mesmo. Esse é o atraente preço que em breve será pago por um apartamento duplex com 2.600 m² numa rua escura e deserta no meio do Morumbi. "Finalmente vou conhecer o banana que vai gastar uma fortuna num imóvel que não deve valer metade do que estamos pedindo", contou à esposa, rindo muito, em pleno café da manhã. Lázaro, ainda no corredor, liga do seu celular (pago pela empresa, claro) para sua secretária, Marisa, e avisa que ficará o dia todo na sala VIP – a sala para os clientes ricos e famosos da Sidar.

VIII

O telefone da copa do nono andar começa a tocar, dando início à dança de bandejas de Dayse. Ela leva dois cafés para a sala 1, onde a gerente de marketing recebe a Marcia da ALÉM+, que trouxe "uma puta sacada" para o lançamento do novo edifício da Sidar Construções; um chocolate e três chás para a sala 4, onde a tecnologia apresenta à área de contas a pagar toda a nova "unidade de colocação de clientes" – das doze pessoas na sala, apenas uma não está com sono, aquela que está apresentando esse "supernovo software"; e coloca uma bandeja com morangos perfeitamente lavados e gelados na mesa de reunião em que a assistente de RH está fechando toda a estratégia do novo plano de *stock options* para o ano. Um dia normal, um dia como outro qualquer. Menos para Dayse.

Ela já fez contas entre uma xícara e outra e descobriu que, além da mesa de jantar, vai dar para levar aquele jogo de sofás de corino verde-água de três lugares que vem com mais um de dois lugares – claro que tudo ficará bem junto, sem praticamente espaço para andar no apartamento. "Vai ficar lindo", pensa e sorri Dayse.

IX

Eleno desce do 11º andar frustrado. Matilda não tinha feito nada de errado, a roupa estava em ordem, as frutas, prontas para o diretor de RI e financeiro, as águas, estrategicamente colocadas nas oito salas de reunião. O máximo que Eleno conseguiu foi dar um *toque* na *mocinha*: "É bom que seja assim todos os dias...". Ele desce para o décimo andar pelas escadas. Acha que chega mais rápido assim.

Ao chegar ao corredor da sua mesa, Eleno praticamente desfalece. Sr. Herbert Pereira está vindo na sua direção e, como um súdito, Eleno faz reverência ao presidente-dono-imperador da Sidar. Sr. Herbert dá um leve sorriso e passa falando: "Como vai o nosso mais importante funcionário?". Eleno responde, rindo com todo o corpo, como um boneco de borracharia, aqueles que ficam loucos com o vento: "Bem, Sr. Herbert, muito bem". Mas o velho já está longe, não ouve. Eleno jamais saberá que aquela pergunta está mais para escárnio do que para elogio. Aquele encontro transforma o dia do "faz-tudo". Ele decide que nada poderá sair errado naquela quarta-feira dentro da Sidar. Imediatamente, dá meia-volta e sobe para o 11º andar para retomar o martírio das copeiras. Depois de Matilda, serão as vezes de Grazielle e Dayse.

X

Chega o grande cliente. Lázaro o recebe cheio de pompa, o Sr. Herbert deverá descer para cumprimentar o novo morador da cobertura mais cara de São Paulo. Lázaro pega o telefone e liga para o ramal 1214. "Três cafés" – é apenas o que fala antes de desligar.

XI

Eleno já está no décimo andar infernizando a vida da tímida Grazielle, que deixa cair quatro xícaras de café no chão. "Vou mandar descontar do teu salário, MO-CI-NHA!" – diz Eleno, antes de descer para checar como está Dayse.

XII

Lázaro liga para sua secretária e fala em tom baixo: "Onde estão os três cafés que eu pedi?". Clique. Desligou. Marisa já conhece bem o chefe e consegue ler nas entrelinhas o que ele quis dizer: "Sua vaca, cadê a porra do café dessa merda de cliente? Já liguei pra tonta da copeira e ela ainda não trouxe. Inteligente eu sei que não é, mas agora virou lerda também?". Marisa se levanta, vai até a cozinha e constata que não há ninguém ali. Ela mesma serve três cafés, coloca na bandeja e leva até a sala VIP. No caminho, encontra Eleno, que pergunta o porquê de ela estar com uma bandeja cheia de xícaras de café. Marisa explica que o diretor pediu café na copa, e, como ainda não haviam levado, ela mesma servirá o chefe. "Sem problemas, relaxa", diz Marisa ao perceber que o patrão das copeiras não gostou do que acabara de ouvir.

XIII

Eleno vai matar Dayse. Matar, não, fará ela se suicidar. Quando ele se dirige para encontrar a "mocinha do nono andar", o Sr. Herbert está novamente vindo em sua direção. Eleno tenta abrir a boca para puxar o saco do imperador, Sr. Herbert pega uma pasta, entrega nas mãos do faz-tudo e diz: "Quero duas cópias desse documento. Deixe na minha mesa". Eleno não espera nem um "por favor" e muito menos um "obrigado" do presidente-dono. Imediatamente, corre para o xerox do décimo andar. A morte de Dayse vai ter que esperar. Pelo menos mais cinco minutos.

XIV

São dez da manhã e já faz cinco horas que Dayse acordou. Ela está com fome de almoço, mas ainda tem que esperar até o meio-dia. Dayse volta para a cozinha, e lá está um guia de ofertas do Lojão em cima do balcão. Ela pega aquela bíblia nas mãos e começa a viajar pelas fotos cafonas daquele encarte. Sonha com a lavanderia, com a fruteira, com os armários da cozinha. Ela consegue se ver andando por ali. Já imagina os almoços com o pai, a mãe, com o futuro namorado, com as amigas. Quer um jogo de pratos bem alegres, coloridos. E também aquelas canecas que vendem na MUNDO de Descontos, e que trazem as palavras: AMOR, AMIZADE, CARINHO. Ela imagina as frutas de plástico perto das flores artificiais como centro da mesa de jantar. Ela quer uma samambaia – de verdade! – que cresça até chegar ao chão. Dayse quer uma vida com muito *glamour*, purpurina e sidra gelada.

Nesse momento, Grazielle chega à cozinha do nono andar. Dayse está tão eufórica, tão feliz, que pega a amiga, leva-a para o canto da copa e fala tudo de uma vez: "Fui sorteada na Caixa! Vou ter minha casa!". Surpresa, Grazielle abraça Dayse e não impede que pequenas lágrimas caiam e molhem seus óculos. Enquanto enxuga as lentes, a copeira ouve o barulho das chaves de Eleno ao longe. "Já vou indo, se essa bicha vê a gente falando aqui, já viu, né?" Grazielle pega uma sacola com tangerinas para dar a desculpa de que estava no nono andar pra pegar mais frutas.

No corredor, Eleno encontra Grazielle. Os olhos dele estão pegando fogo.

– Cadê a Dayse? Cadê ela? HOJE EU MANDO *ELA* EMBORA! Grazielle fica parada, enquanto Dayse aparece na porta da cozinha.

– Ah, você está aí? – diz Eleno, alto.

Ele entra na cozinha, puxa a copeira para dentro.

– O que aconteceu? Meu Deus, o que foi? – pergunta Dayse, assustada.

– O Sr. Lázaro pediu café e a MOCINHA aí simplesmente não levou para a sala!

– O senhor...

– CALA A BOCA! Chega! Estou cansado das suas desculpas, da sua pasmaceira! As pessoas têm que fazer o seu trabalho. Um A-B-SUR-DO. Acabou. Você não trabalha mais aqui. Passe já o seu crachá.

– Mas... O que...

– O CRACHÁ!

Dayse tira o crachá do pescoço, totalmente em choque. Não consegue entender o que aconteceu. Eleno arranca o cordão de suas mãos e sentencia:

– Suma já do prédio! Não precisa mais voltar. Amanhã mesmo mando entregar o dinheiro na sua casa.

Ele gira num pé só, abre a porta e avança para o corredor. Se pudesse, colocaria uma trilha sonora qualquer de vingança bem alto, para desfilar no ritmo da melodia. Pensando bem, vai chegar em casa, colocar uma música da Beth Carvalho e tomar seu Almadén. Mas hoje será o tinto, cor de sangue. E mais: não termina esta noite sozinho. Hoje ele chama um dos meninos de vida fácil. E vai pagar 100. Afinal, depois de um dia tão atarefado, Eleno merece um presente... Merece pernoitar com o *bofe*.

XV

Dayse sai do banheiro com a mesma roupa e o mesmo coque que ela havia arrumado cinco horas e meia antes. Mas, agora, sem emprego. Ainda não entende o que aconteceu. Ninguém lhe explicou nada. Grazielle saiu em disparada para o décimo andar e não pôde nem atender ao telefone. Mas Dayse sabe: Eleno, a bicha da chave, não vai voltar atrás. "*Viado fedido e nojento!*", pensa. Ela caminha até o ponto de ônibus. Pega sua primeira condução e tira o encarte de ofertas da bolsa. A felicidade da sua casa nova acabou. Foi embora junto com aquele olhar horrível do ex-patrão-bicha-escrota. Foi embora com os gritos dele e com todos os cafezinhos que serviu naquela quarta-feira. Uma hora depois, quando salta no ponto final para pegar seu próximo ônibus, Dayse para de costas para a vitrine do Lojão. Não quer nem ver a mesa de seis cadeiras de alumínio pintado de branco e tampo de vidro. Não existe mais holerite para fazer as prestações. Completamente encurvada, triste, com a cabeça baixa, Dayse tem um estalo, uma luz, e entende tudo: "Foi ela... Foi a Grazielle! Falsa de OLHO GORDO! Foi isso! Eu contei *pra* ela do sorteio e olha o que aconteceu! Invejosa. Ainda bem que a gente não trabalha mais *junta*. Ainda bem que eu não tenho como encontrar aquela VACA. Se um dia eu olhar de novo pra ela, meto a mão na cara daquela cadela--de-olho-grande!". O segundo ônibus chega. A tristeza vira alegria por não ter mais que trabalhar com Grazielle.

XVI

Marisa entra e deixa a bandeja na sala de reunião VIP do nono andar sem fazer barulho. Ninguém olha para ela. Dr. Herbert, Lázaro e o cliente ficam uma hora fechando os detalhes da venda da cobertura e, finalmente, assinam o contrato. "Imbecil!", pensa Lázaro. "Rico perdulário...", reflete dr. Herbert. "Deu certo. Consegui lavar o dinheiro", comemora o cliente. Os três cafés ficam ali, frios, intocados. Lázaro detesta café, Sr. Herbert prefere chá, e o cliente nem viu a bandeja. Ele até teria tomado o café, se tivessem oferecido.

XVII

No décimo primeiro andar, Matilda, a copeira da área financeira, está atordoada. Já entrou duas vezes em todas as oito salas de reunião, baias, e foi até as salas dos diretores. Ninguém havia ligado pra copa, ninguém havia pedido café. "Desisto", pensa. Ela mesma toma os três cafés.

O ramal 1214 é da copa. Mas da copa do décimo primeiro andar... Da Matilda, e não da Dayse.

11º andar

Sidar Incorporação

Este andar atende somente aos nossos corretores. Por favor, use o interfone para pedir auxílio.
Em caso de emergência, use a escada ao lado.

Atenciosamente,
Sidar

Os BBBs do trabalho

Lauro, em um dos elevadores do SP Centrale, chegava para mais um longo dia/noite de trabalho. Chegava cantando músicas cafonas no elevador. E cantava alto. A preferida era de Martinho da Vila e tinha um sugestivo texto como início: "Já tive mulheres / de todas as cores / de várias idades / de muitos amores...". Lalau, como gostava de ser chamado, achava que era gato. Tinha certeza de que abafava. Sentia – e jurava por Deus que sentia – a inveja de seus amigos-companheiros-colaboradores de doze horas de labuta. Ele sabia que seus caros relógios eram como facas nos olhos de seus parceiros e subordinados.

Mas não era bem assim que a banda tocava. Não, não e não. Lauro era, na verdade, um tipo comum corporativo. O BBB – Bobo, Burro e, claro, Bundão. E podemos completar mais um "B" para Lalau: B de Bozo. Seus relógios avisavam de longe que eram falsos e vendidos como verdadeiros (a preços de verdadeiros) para gente ordinária, de refinamento ordinário, de inteligência ordinária. Os olhares das pessoas do escritório estavam mais para "lá vem a Besta!" (olha mais um B aí!) do que inveja de qualquer coisa que Lalau tivesse ou usasse. Ah, e vale avisar que a total falta de charme de Lauro não vinha do fato de ele ter uma beleza comum – bem comum, aliás. Não mesmo. Ele, Lauro, apenas era desprovido de mais uma importante característica no mundo empresarial: carisma.

Francisco vinha no elevador ao lado daquele em que Lauro estava. Eram totalmente a antítese um do outro. Francisco era refinado desde que nascera. Já Lauro era um novo-rico. Francisco era culto de verdade. Lauro decorava frases e orelhas de livros para ter assunto com seus superiores. Francisco sabia se vestir bem e se destacava no escritório, mesmo na moda padrão-terno-executivo. Lauro comprava roupas menores porque achava que o deixavam mais magro, mas acabava parecendo um boneco Michelin. Francisco era o outro tipo de BBB, o mais raro nas empresas: Bonito, Bom e Bacana.

Numa brincadeira do destino, os dois elevadores abriram ao mesmo tempo, fazendo com que os dois se encontrassem no *hall* da empresa. E, contrariando a lei da vida, nem sempre os opostos se atraem. Lauro odeia Francisco. Com mais um agravante: Lauro foi promovido a líder de equipe. Ou seja, Lalau, a fera, é chefe de Francisco, o belo. O cargo não significa nada e não tem real função. Foi criado por Lázaro, o diretor comercial da Sidar, e pelo RH, apenas para motivar seus *colaboradores* e mostrar que há promoções na empresa. Mas, mesmo assim, mesmo não apitando nada, Lauro ainda é chefe de Francisco. E, por isso, consegue transformar num inferno o dia a dia do bonitão-protagonista.

I

No encontro do destino, entrando para o escritório da Sidar destinado aos corretores, Lauro e Francisco travam uma rápida conversa:
– Bom dia! – diz Francisco, num tom feliz.
– Escuta, vamos conversar agora? Preciso falar com você.
– Sim, claro. Posso só deixar estas pastas na minha mesa?
– Não, melhor você já ir para a sala de reunião. Eu já te encontro lá – Lauro sentencia. Claro que o chefe-Lalau foi até sua mesa, deixou o paletó na cadeira, checou seus e-mails, tirou dois recados da sua secretária eletrônica (nada importante, era sua mãe pedindo para levar "churros com bastante doce de leite" na volta para casa), contou até trinta e foi encontrar Francisco na sala de reunião. Ele, Francisco, que esperasse, pensou Lauro com um sorriso no rosto e uma pequena baba branca nos cantos da boca. Horror.

II

Lalau *adentra* a sala de reunião com ar de chefe-sou-bom-mesmo. Pega um dos inúmeros copos de água à disposição na mesa de apoio da sala número 1, oferece outro copo para Francisco, vira a cadeira, sentando-se de frente para o encosto. Lauro sonha em ser moderno. Vendo aquele barril de chope incapaz de colocar os pés no chão – as pernas gordas não permitem –, Francisco quase não contém o riso. Ele precisa gravar bem essa cena para encenar para os amigos que vai encontrar mais tarde.
– Francisco, é o seguinte. Você sabe que sou bem direto e honesto – Francisco não conhecia essas características de Lalau. Ele sabe bem que

Lauro está mais para enrolador e mentiroso. Talvez sua única parte honesta seja o fato de ele, Lalau, ser um puxa-saco declarado dos chefes maiores.

– Aham – responde Francisco, começando a ficar ansioso pelo que estava por vir.

– Então é o seguinte. O fato de você ser gay pode atrapalhar o seu crescimento na empresa.

– Gay!?

– Sim, gay. Todo mundo sabe que você é gay, Francisco.

– Nossa... Como assim?

– Vamos ver... Você é todo sarado, ou seja, gay. Você só se veste com ternos modernos... Gay. Você está sempre com o cabelo bem cortado... Gay. E você vai ao teatro e fala francês. Gay mesmo – Lalau dá um leve sorriso, pronto para rir. Francisco não vai querer contar isso para seus amigos.

– Cara, escuta... O que isso tem a ver com meu trabalho?

– Você é o gerente da equipe de corretores em primeiro lugar em vendas, Francisco.

– Ué, e isso não é bom?

– No seu caso, a empresa não vai querer um gay como líder de vendas. Daí não é bom. Então, ou você diminui seu ritmo de vendas e vai para segundo, ou até quarto lugar, ou deixa de ser gay.

– Não entendi. Ou melhor... Eu entendi isso mesmo? Você quer que eu venda menos?

– Não, Francisco. Eu disse que ou você vende menos ou deixa de ser gay. A escolha é sua – Lalau-o-Tonto pensa em se levantar e sair triunfante, mas a posição em que escolhera ficar na cadeira fez com que sua calça se abaixasse na parte de trás, deixando a grande e branca bunda à mostra. Lalau se ajeita, se levanta, olha para Francisco e completa: "Estamos conversados?". Lauro sai da sala. Francisco fica na sala de reunião, tentando achar algum sentido naquela conversa.

III

Ao voltar para sua mesa, Francisco recebe um "Oi" caloroso de Marly e Laly, a dupla-de-dois-animada de sua equipe. Francisco desaba na cadeira e acaba contando para as duas o que acontecera na sala de reunião. Marly e Laly amam o chefe e sempre têm sonhos, digamos, quentes com seu Francisco-bonitão. Elas ficam irritadas com Lauro. "Jamais que eu teria vontade de beijar boca de veado!", Laly fala baixo no ouvido de Marly. "Nem eu!", a outra responde. "Esse Lauro está louco!", as duas chegam juntas à mesma conclusão. E também ao mesmo tempo as duas disparam em direção à mesa da coordenadora de RH, a falsa Yolanda, que adora dizer que trabalha para ver seus *colaboradores* felizes, mas gosta mesmo é de não liberar aumentos e férias, fazendo exatamente o que a empresa espera do RH: desenvolver funcionários, ops, *colaboradores*-robôs.

– Yolanda, precisamos falar com você – Laly e Marly, irritantemente, falam e sentam juntas, dividindo a pequena cadeira de rodinhas em frente à mesa do RH.

– Digam – Yolanda responde, com cara disposta a ouvir todo mundo, expressão tipo "um largo sorriso" e voz de RH. Uma expressão doce, quase verdadeira, treinada por anos durante as visitas aos canis onde fazia com que os cachorros pegos pela carrocinha acreditassem que não virariam sabão. E sabe que parecia que os cãezinhos acreditavam mesmo e iam felizes para a sala cheia de vapor? Triste. Yolanda é má.

– É o seguinte: o Lauro chamou o Francisco e disse que se ele não deixasse de ser gay ele seria mandado embora!

– Como é? – Yolanda chega mais perto.

– É isso mesmo. O Lauro acha que o Francisco é gay! É claro que o Francisco não é gay! O Lauro tem que pedir desculpas para o Francisco – disse Marly, nitidamente puta da vida.

– Imagina... O Francisco... Gay! Que coisa mais sem graça – diz Laly.

– Isso é difamação! – garante Marly.

Yolanda recosta-se na cadeira e respira fundo, fazendo com que a dupla sertaneja Marly-Laly se cale.

– Meninas, é o seguinte. Lauro é um dos grandes talentos da empresa. Toda a diretoria gosta muito dele. Com certeza, um dia disputará a cadeira de CEO – Yolanda sabe bem o bosta que Lauro é, e também sabe como ele é perfeito para o cargo de líder-que-não-faz-nada-e-todo- -mundo-acha-que-é-promoção. – Ele tem SÓ 26 anos e por isso ainda é um pouco imaturo. Mas sei que vai melhorar. Pediria a vocês que não se metessem mais num assunto que não diz respeito ao dia a dia de trabalho das duas, ok? – Yolanda é enfática.

Marly e Laly ficam desconcertadas. Uma das duas até pensa em falar alguma coisa, mas é impedida pelo dedo gordinho em riste de Yolanda.

– Fofoca, meninas, pesa muito na hora da avaliação de final de ano. Vou fazer vista grossa desta vez, mas, por favor, parem com diz que diz. Da próxima vez, terei que colocar uma observação na ficha de vocês duas que irá diminuir o bônus de fim de ano. Entenderam?

Até Lauro entenderia.

As duas se separam, indo cada uma para um lado.

IV

Francisco prefere manter aquele dia de trabalho como todos os outros. Ele até pensa em mudar um pouco seu visual, para os boatos diminuírem. Mas ainda não está decidido se vai para o quarto lugar de vendas ou se come a Laly e a Marly no próximo *happy hour* da Sidar para colocar uma pá de cal nessa história – nada como usar uma boa fonte de Rádio Peão a seu favor, e, nesse caso, seriam duas fontes. "Quem sabe como as duas juntas", planeja Francisco, que parece ter sido levado para a dimensão do custe-o-que-custar do mundo corporativo, em que vale tudo pelo bônus. O herói desta história está até pensando em como filmar a farra com Marly & Laly com seu iPhone recém-lançado, que veio com infravermelho para gravações noturnas. "Humm... Acho que vale fazer um treino pesado pra valorizar o abdômen", começa a se animar o possível futuro ator pornô. Para Francisco, agora, mais que ser ou não ser gay, o importante é ninguém achar que ele seja gay. Francisco é um homem do mundo corporativo e ele vai crescer na Sidar. Até porque, agora, Francisco só pensa em uma coisa: no dia em que vai demitir Lalau.

V

Lauro, naquele dia em que colocou Francisco frente a frente com seu "problema", estava especialmente alegre. Tão alegre que resolveu fazer de conta que ia para uma reunião externa e importante e encerrou seu expediente mais cedo, às oito da noite. Antes de ir para casa, pensou em relaxar. Dirigiu rápido para um de seus esconderijos, uma daquelas saunas gays deprimentes do centro da cidade em que só se encontra gente estranha com dinheiro no bolso à procura de "diabinhos" sarados com dentes ruins. Lalau foi para lá, mais uma vez à espera de que sua secreta paixão também começasse a frequentar o submundo homossexual de São Paulo. Quer saber quem é o amor da vida de Lalau? Essa fofoca você pode saber – isso se já não tiver acertado essa história óbvia. Francisco. Sim, Francisco é o desejo secreto de Lauro, sua paixão, por quem Lalau jogaria tudo para o alto e assumiria sua medíocre vida de sombras. "Quem sabe ele aparece aqui hoje...", desejou Lauro mais uma vez em pensamento, enquanto se enfiava num dos labirintos escuros da sauna onde podia fazer de conta que tinha uma vida um pouco mais feliz.

12º e 14º andares

RRS Consultoria&Associados

Razão social: RRS – Empresa e Consultoria S/A
Posição no mercado: 2º lugar
Faturamento: US$ 450 milhões
Número de funcionários: 341 "consultores"
Tempo de vida: 10 anos
Tempo de SP Centrale: 2 anos
Missão da empresa: "Desenvolver e reintegrar empresas e pessoas"

Filme de terror – Parte XXXVII

I

Fátima tinha conseguido o emprego de secretária-geral da diretoria da RRS Consultoria. Durante o jantar com os pais para comemorar o novo trabalho, ela conta que, durante a seleção de que participara, o que mais foi falado e repetido foi quanto a empresa era voltada para resultados. "Aqui, na RRS, nossos diretores veem a secretária como uma assistente, e não como uma secretária particular", Fátima imitou a assistente de RH para o pai. Ela gostou desse perfil da empresa. Não queria mais trabalhar com diretores que a faziam de empregada para assuntos pessoais. Também conversou com os pais sobre um assunto que havia lhe chamado a atenção. A RRS ficava em dois andares, o décimo segundo e o décimo quarto. "E o décimo terceiro?", perguntou a mãe. "Não existe...", respondeu Fátima, achando estranha a falta de um andar no prédio.

II

Primeiro dia de trabalho, primeiro tombo: Fátima será secretária apenas de um diretor, e não de toda a diretoria. Ela será a "assistente" do diretor de novos negócios, o mal-humorado Zenarci Augusto Carvalho Soares. Mais conhecido como Soares, um homem que tinha um corpo disforme, braços muito compridos, atarracado, sem pescoço, dentes finos, boca com lábios bem rosa. Fátima vai ocupar a baia em frente à sala do chefe, a dois passos de sua mesa.

Na resposta ao bom-dia de estreia de Fátima, Soares pede à secretária que vá buscar uma Coca zero. Fátima descobre que terá que descer e comprá-la no Bread & Shop – uma espécie de padaria perto do SP Centrale, cuja dona é uma cearense louca por Miami. Pior: terá que pagar com seu próprio dinheiro e depois pedir reembolso. Como está sem nenhuma nota de real no bolso – apesar de que a cearense preferiria mesmo receber em dólar –, terá primeiro que passar no subsolo 5 e usar o caixa eletrônico para depois comprar dez Cocas. Ela acha melhor já fazer um pequeno estoque, caso o chefe peça mais refrigerante ao longo do dia. Será que é sempre assim? "Não...", Fátima responde para si mesma. Ela relembra que a RRS é uma empresa voltada para resultados. "Com certeza ele vai me pedir para criar planilhas em Excel, apresentações em PowerPoint. Isso foi só uma exceção", tenta se convencer.

III

Quando Fátima volta ao andar da empresa, Soares chama-a em sua sala e pergunta baixo, sem olhar para a secretária:
– Onde a senhora estava?
– Fui buscar sua Coca zero – Fátima responde, colocando a latinha em cima da mesa do chefe.
– E por que a senhora não estava na sua mesa?
– Fui buscar sua Coca zero – repete, achando que Soares não a entendera da primeira vez. Ele levanta os olhos para Fátima rapidamente. Encara-a firmemente, deixando a secretária apavorada. Fátima lembra que não conseguiu dormir dois dias seguidos depois de ter visto *A HORA DO PESADELO*. "Será que consigo dormir hoje?", pergunta pra si mesma. Ela sai da sala do chefe andando de costas e fala:
– Estarei na minha mesa, se o senhor precisar de mim.
Soares abaixa os olhos e volta para seu jornal. Fátima fecha a porta, faz o sinal da cruz. Ela tem mesmo medo de que ele seja um personagem de filme de terror, de tão feio e estranho que é.
Ao se sentar em sua cadeira, o telefone toca. É o chefe. Fátima estranha. Afinal, acabara de sair da sua sala. "Venha aqui", Soares pediu, bem baixo.
– A Coca-Cola está gelada – Soares diz, ainda sem olhar para Fátima. Ela não sabe o que responder. – Aprenda que só tomo bebida quente. Pode ir – Fátima sai da sala. "Por que ele não falou pelo telefone? Refrigerante quente? Que horror! Só um monstro de filme de terror pra gostar de Coca-Cola quente. Deus do céu..." A secretária corre para a copa e tira as outras latinhas da geladeira.
Quando Fátima chega à sua mesa com as latas de Coca zero nas mãos, Soares está na porta da sala.
– Onde a senhora estava? – pergunta, pela segunda vez no dia, com a

voz no volume 1 de um som potente que vai até 200, deixando um pouco dos dentes à mostra.

– Fui tirar estas latas de Coca da geladeira, eu aproveitei e comprei outras além da que deixei na sua mesa – responde, tentando mostrar como é proativa.

– Esquece – ele diz, e a voz aumenta para o volume 3, ainda inaudível. – Não posso ter uma secretária que fica passeando por aí, hein? Quando eu ligar para o seu ramal, preciso que atenda. Aqui estão uns papéis – Fátima pega da mão dele, tentando não encostar em sua pele. – Preciso que sejam feitas seis pastas disto para a reunião que terei às 14h.

– Ok – ela responde. – Vou fazer já.

– E... Vai sair da sua mesa?

– Eu... Eu preciso sair da mesa pra montar as pastas – Fátima fala, tentando mostrar que seu raciocínio é correto. Soares faz cara de "a senhora que sabe" e volta pra sala, fechando a porta com delicadeza.

IV

Fátima olha o relógio. São 9h. Ela pensa que conseguirá montar as pastas na hora do almoço, assim não se ausentará caso Soares ligue. Fátima ficou sentada na mesa das 9h às 12h30, sem ir ao banheiro, sem fazer nada. O diretor não a chamou e apenas atendeu duas ligações para ele. Uma era a esposa, e a segunda... Também era a esposa.

Quando o relógio Citizen da secretária marcou 12h45, Soares saiu da sala, virou-se para Fátima e disse em voz bem baixa, continuando no volume 1: "Vou almoçar e volto às 13h30. Por favor, esteja aqui quando eu chegar". Ele não esperou a resposta de Fátima.

Foi o diretor dobrar o primeiro corredor para a secretária correr para o banheiro. Aquele era o primeiro xixi dela desde que saíra de casa. Normalmente, Fátima fazia um xixi a cada hora.

Aliviada, correu para a mesa. O telefone tocava. Era Soares.

– Dona Fátima... A senhora não estava na mesa novamente...

– Desculpe, eu estava fazendo as pastas – mentiu.

– Ok, ok, chega de desculpas. Escuta, dona Fátima, minha esposa vai passar aí às 15h para conhecer minha nova secretária, ou seja, a

SENHORA. Ela vai lhe passar algumas tarefas. Obrigado – Soares desligou sem nem um "até logo".

Fátima correu para a copiadora. Eram 13h e o diretor estaria de volta dali a trinta minutos. Enquanto esperava as pastas ficarem prontas, teve uma ideia que iria mudar sua vida para sempre: comprar um telefone sem fio. Era isso! Era essa sua carta de alforria.

Fátima volta para sua mesa com as pastas. Eram 13h25. Não havia nenhum registro de chamada não atendida. "Ótimo, Soares não ligou." Ela se senta, faz uma ligação para o Bread & Shop – ainda bem que pegou o telefone para entregas – e pede um sanduíche de peru com queijo branco e um suco de laranja. "Só hoje não saio para almoçar", promete. Enquanto nem o almoço nem Soares chegam, Fátima entra no site da MUNDO de Descontos e compra um telefone sem fio. Ela manda entregar em sua casa e paga cinco reais a mais para receber a encomenda naquele dia mesmo.

Soares entra no corredor da sua sala ao mesmo tempo que o telefone de Fátima toca avisando que o entregador do Bread & Shop chegou. O diretor pede à secretária que vá à sua sala. Lá, entrega uma série de contas para pagar, junto com um talão de cheques.

– Por favor, dona Fátima, preencha os cheques para pagamento dessas contas.

– Seu Soares...

– Pode me chamar só de Soares. "Seu Soares" parece nome de amante de caixa de supermercado do interior.

– Ah, está bem, desculpe. Soares, você...

– O senhor, dona Fátima, o SENHOR.

– É... Desculpe... O senhor não disse para eu chamá-lo apenas pelo nome?

– Sobrenome, dona Fátima, Soares é meu sobrenome. E pedi para a senhora não falar "seu", mas acho importante mantermos a forma mais formal de tratamento. Afinal, há inúmeros casos de processos de assédio sexual, não é?

Fátima não sabe se tem mais nojo ou horror de se imaginar sendo assediada por aquele homem de dentes finos. Aliás, tem certeza de que se ele tentasse qualquer investida sexual, seria ela a presa. Por assassinato.

– Ok, desculpe... Soares. Voltando às contas, o senhor não quer que eu pague pela Internet e já as deixe em débito automático? Dessa forma, o senhor não precisa se preocupar com as datas de vencimento e...

– Não. Essa coisa de Internet é modismo. Não vou colocar meus dados na rede para um monte de garotos roubarem o meu dinheiro.

– Ah... Então... – Fátima não acredita no que ouviu. – Está bem, claro... Daqui a pouco volto com os cheques para o senhor assinar. Afinal, o banco fecha às 16h. E, pelo que estou vendo aqui, muitas vencem hoje.

– Ok – encerra Soares.

Fátima começa a organizar as contas do chefe, quando o telefone toca. O entregador do Bread & Shop continua esperando na recepção. "Ele tem que ir embora", avisa a recepcionista da RRS.

Soares chama Fátima novamente. Na sala do chefe, recebe uma série de papéis. "Por favor, traduza isto até minha esposa chegar", são as ordens que a secretária recebe.

Fátima olha as contas e os papéis que acabou de receber. Checa e vê que são doze contas no total. "Três vencidas, duas vencendo hoje", analisa. Outras ela ainda precisa ligar para pegar os valores e as datas de pagamento. "Que ótimo!", pensa, começando a se irritar. Só que irritada, mesmo, ela fica quando percebe que os papéis para tradução são vários roteiros de viagem pela Oceania. "Cadê a empresa voltada para resultados?", diz, em voz mais baixa que a de Soares.

A recepcionista liga novamente para o ramal de Fátima e avisa que o moço do Bread & Shop tinha ido embora com a comida. A irritação agora também será de fome.

V

Soares sai da sala, pega as pastas com a secretária e se dirige para a reunião. "Dona Fátima, por favor, fique ao alcance dos meus possíveis telefonemas", disse, ainda mais baixo, praticamente no volume zero. Fátima chegou a pensar que estava ficando surda.

Quando a secretária termina de fazer a quarta ligação para o condomínio da casa do Guarujá e consegue finalmente obter o valor a ser pago, Maribeti, a esposa de Soares, chega à sua mesa. Ela era loura-

-amarelo-ovo com cabelo na escova progressiva e retoques semanais. "Beth, me chame de Beth, querida" estava toda vestida de rosa-pink--mais-pink-que-rosa – tanto a calça jeans justa como a camiseta regata eram da mesma cor; relógio Chanel branco de dez mil dólares; bolsa e óculos escuros também Chanel (com a marca maior que a haste) e sapatos vermelhos Gucci. Devia ter uns 37 anos e já estava na sua quarta lipoaspiração, sem contar as trocas frequentes das próteses de silicone nos seios e nas nádegas. A cor das constantes sessões de bronzeamento artificial deixava "Beth, me chame de Beth, querida" com uma cor marrom-cocô horrível, que ficava ainda mais evidenciada no rosto, graças à boca enorme por causa do preenchimento labial e dos litros de botox que aplicava a cada três meses. No entanto, nada era mais falso em "Beth, querida" que suas lentes de contato azuis.

Por um momento, Fátima ficou imóvel vendo aquela boneca gigante de *sex shop* tentando mexer a boca. Mais um detalhe lhe chamou a atenção: a total falta de pescoço daquele ser. Era como se alguém tivesse dado um soco bem forte na cabeça dela, fazendo-a entrar no meio dos peitos. Um contraponto estranho aos sete colares que Beth escolhera para colocar naquele dia.

– Oi, querida, como é seu nome, mesmo?
– Fátima, dona Maribeti.
– Beth, querida, me chame de Beth.

Fátima se levanta e estende a mão. Beth estala dois beijos nas bochechas da secretária.

– Querida, deixa eu te perguntar uma coisa... O Sossô passou as contas pra você pagar?

Sossô?! – pensa Fátima.

– Sim, sim, estão aqui – Fátima mostra para "Beth, querida".
– Ah, que ótimo. Olha, dica de amiga, querida, é bom você correr e mandar pagar logo, pois algumas vencem hoje.
– Sim, isso que me preocupa, algumas já até venceram.
– O Sossô não gosta de multas. Outra dica: ligue para as empresas e peça prorrogação do pagamento. Não é justo o Sossô gastar mais dinheiro, não é? Ele é um executivo muito atarefado para se lembrar de tudo. Aliás, marque também na sua agenda as datas de pagamento das contas que

ele passou e... – Beth tira um envelope da bolsa – destas aqui também.

– Sim, claro – Fátima pega o envelope.

– E... Escuta, querida – Beth puxa uma cadeira e senta-se ao lado de Fátima –, no próximo sábado, eu e Sossô vamos fazer um jantar para algumas pessoas importantes. Então eu preciso que você ligue para os nomes desta lista e confirme a presença de todos. Um RSVP ativo, digamos assim – Beth dá uma gargalhada irritante, jogando a cabeça para trás e para a frente, com os cabelos dourados caindo sobre Fátima.

A secretária pega a lista de cinco páginas com cerca de trinta nomes cada. Ela olha as contas, o novo envelope de contas e a lista de convidados. O relógio no computador marcava 15h27. "O banco fecha às 16h!", lembrou.

O telefone toca. Fátima atende e fica em pé. Beth ia falar alguma coisa e teve que se calar. A *Loura*, definitivamente, não gostou do fato de a secretária ter preferido o telefone a ela. Beth fica olhando para Fátima com o queixo apoiado na mão e um dedo passando a unha vermelha na bochecha. "Vendo de cima pra baixo, ela tem ainda menos pescoço", Fátima se assusta.

– Beth, desculpa, é o Soares. Está me chamando na sala de reunião. Eu já volto. Vou aproveitar e levar os cheques dessas contas que vencem hoje para ele já assinar e mandar pagar. – Fátima sai correndo, agradecendo pela primeira vez no dia o telefone tocar e ser Soares.

VI

Alguns minutos depois, Fátima volta, senta-se à sua mesa e fica relembrando o que acabara de acontecer. Soares a chamou à sala de reunião para pedir uma Coca zero. Não satisfeito, tirou seus óculos e os deu à secretária para que lavasse as lentes na pia do banheiro. Quando ela voltou e pediu ao diretor que assinasse os cheques, alguns diretores riram e perguntaram por que ele não pagava pela Internet. "A dona Fátima ainda não mexe muito bem no computador. Estou deixando ela aprender direito pra daí entrar no site do banco", disse Soares, sem olhar para a secretária, enquanto assinava o sexto cheque.

Ao se lembrar de todo o ocorrido dos últimos dez minutos, Fátima tem vontade de ir embora, sem avisar ninguém. Ela fora feita de *delivery* de Coca-Cola, lavadora de óculos e ainda tinha sido chamada de burra na frente de toda a diretoria. Quando Fátima abaixa a cabeça e vê todas as contas do patrão, acaba se lembrando das suas próprias contas e resolve não pedir demissão. Ela respira fundo ao encontrar a lista de convidados de "Beth, querida" e um bilhete num post-it *pink*. "Querida, não gostei de ter ficado aqui falando sozinha. Outra dica de amiga: espero que isso não se repita. Preciso dessa lista confirmada até amanhã cedo, não quero comprar comida e bebida a mais. Não vamos desrespeitar o dinheiro do Sossô, não é?"

Fátima riu. Seu chefe já desrespeitava bastante seu dinheiro com aquela esposa à toa, plastificada e sem nem mais identidade.

VII

Quando Fátima vai começar o RSVP de "Beth, querida", seu ramal toca. Era Suely, do RH, pedindo que subisse até seu departamento, no décimo quarto andar.

Fátima sobe as escadas correndo, para não se lembrar das lendas que a Rádio Peão contara sobre o décimo terceiro andar fantasma. Chegando, Suely, com sua chapinha japonesa, em que a raiz já começava a mostrar os fios arrepiados da sua cabeça, pede à secretária que se sente.

– Fátima, a Beth veio aqui conversar comigo. Você quer me contar alguma coisa? – perguntou Suely, com voz suave, sedutora, amiga. Voz de RH.

– Contar o quê?

– Ela descreveu para mim a cena em que você a deixou falando sozinha...

– Não... Quer dizer, sim... O Soares ligou e mandou que eu fosse até a sala de reunião. Por isso pedi para a Beth esperar um pouco. Eu fui e voltei em minutos.

– Fátima, veja bem... O fato é que ela não gostou, não ficou feliz com a sua atitude. A Beth é muito sensível, gosta de atenção.

– Mas, Suely, você quer dizer que eu devia ter deixado o Soares esperando? – pergunta a secretária, incrédula.

– Fátima, não vou ensinar o seu trabalho. Você deve saber como fazê-lo. Afinal, foi contratada para isso.

– Suely, desculpa, não estou entendendo... Vocês disseram que esta era uma empresa focada em resultados, que eu não seria uma secretária particular, que o cargo era, na verdade, de assistente da diretoria. Quando chego aqui, descubro que vou trabalhar apenas para um diretor e que ele me quer só para lavar seus óculos, comprar refrigerante, e ainda me dá bronca se eu saio da mesa. Isso sem falar das contas que tenho que mandar pagar. Ah! E a festa... A Beth quer que eu ligue para 150 pessoas daqui da RRS para confirmar se vão ou não na casa dela no sábado.

– Xiiii... – Suely abana a mão, pedindo calma. – Fátima, acho melhor parar de reclamar tanto e se esforçar mais. Você tem uma grande meta aqui, que é deixar o Soares tranquilo para criar, trabalhar. Ele é um dos principais executivos do mercado, sabia? – Suely não deixa Fátima responder. – E, para deixá-lo tranquilo, você tem que fazer a Beth feliz. Se ela estiver feliz, o Soares também estará, entendeu?

A secretária fica parada, com os olhos arregalados para Suely. Ela entendeu todas as palavras da pessoa do RH. Ela só não consegue acreditar que ouviu tudo aquilo.

– Pode ir, Fátima. Espero que esta seja a última vez que a gente conversa sobre isso.

VIII

Fátima desce devagar para sua sala, sem nem ligar para o fantasma do décimo terceiro andar. Ainda em estado de choque por causa das coisas que Suely havia dito.

Chegando ao corredor que leva à sua mesa, Fátima vê aquele ser estranho de nome Soares encarando-a.

– Dona Fátima... A única coisa que pedi à senhora foi para não sair da sua mesa. E a senhora sai. Por quê? Para me deixar irritado, ansioso? Não é fácil me tirar do sério – diz o homem, com voz bem baixa e com o olhar dentro de Fátima. – Espero que esta seja a última vez que a gente conversa sobre isso.

"Engraçado, acho que já ouvi isso hoje: espero que esta seja a última vez... Eu também espero que seja a última", deseja Fátima.

– Dona Fátima, aqui estão dois celulares, um novo e outro de uma operadora diferente. Por favor, passe os números deste antigo para este novo e mande-o para minha esposa, em casa, até as 17h. Não sei por que ela acabou de decidir que vai pro Rio de Janeiro na ponte das 18h30. Então, providencie também passagem pra ela e para o meu filho, mais hotel de hoje até sábado. Na sexta à noite eu vou me encontrar com eles e voltamos todos no sábado à tarde para o jantar que Beth está preparando. Aliás, amanhã eu trago as providências que a senhora deve tomar para a festa. A lista já está aí e vamos comprar o número exato de comida e bebida. Não quero que sobre nada. Nem que falte. Por isso o RSVP tem que ser perfeito – Soares falava sem respiros, com a voz baixando cada vez mais. E sem olhar para Fátima, claro.

Soares volta para sua mesa. Fátima olha o relógio: 15h58. Enquanto liga para a agência de turismo com uma mão, a outra vai completando a agenda de telefones no novo aparelho. 16h15. Fátima combina com a agência que vai entregar todos os papéis para Beth no aeroporto, assim como o telefone também encontrará a loira plastificada no avião.

– Beth, haverá um senhor com uma placa com seu nome... Ok... Ele irá entregar as passagens e o telefone.... Ok... Ok... É que eu tenho medo de não conseguir fazer o RSVP que você pediu... Ok... Ok... Ok... Pode ficar tranquila, vai dar tudo certo. O telefone já foi pro aeroporto.

Fátima volta para sua lista. Quando já está na quarta folha, lembra do que Beth falou: "Um jantar para umas pessoas importantes". Só então é que ela percebe que a loira quis dar uma de bacana se utilizando da secretária do marido. Primeiro que era um churrasco, e não um jantar, e segundo que a lista era só de parentes e amigas dela. "Loira puta!", Fátima pensa, com vontade de falar no volume 200.

IX

Soares chama Fátima na sala. "Nossa, já são nove da noite!", percebe.

– Dona Fátima, eu pedi para a senhora passar os telefones deste celular para o novo celular, não foi?

– Sim.

– E a senhora passou todos os números?

– Si... iii... iim, claro – Fátima gagueja.

– Dona Fátima, a Beth está muito triste com a senhora. Ela me contou que foi deixada falando sozinha e que a senhora mandou um homem entregar as passagens e o telefone pra ela com uma placa em que se lia "Maribeti". Dona Fátima, ela é Beth! Beth! B-e-t-h! Entendeu? Maribeti, nunca!

– Mas, seu Soares... Digo, Soares... – Fátima tinha vontade de gritar, fazer as pessoas perceberem como estava tudo fora do lugar. "Onde já se viu um executivo dizer essas coisas para a secretária? Será que ele reflete sobre o que fala?", a secretária se pergunta.

– E o pior é que só quando ela foi usar o telefone é que percebemos que a senhora não colocou o telefone do pediatra no Rio. O Soarezinho está espirrando e Beth teve que ir a um pronto-socorro normal mesmo.

Fátima, pela segunda vez no dia, fica com os olhos esbugalhados.

– Mas não se preocupe. Beth tem um bom coração e vai perdoar. Espero que esta seja a última vez que a gente tem essa conversa, ok?

Fátima sai da sala. É a quarta vez no dia que ela ouve aquilo: "Espero que esta seja a última vez...".

Fátima se senta e recomeça as ligações da lista. Antes checa no antigo celular se havia algum telefone de pediatra no Rio de Janeiro. Ela já sabia a resposta. Não. Claro que não. "A Beth quis me ferrar mesmo...", conforma-se.

Soares sai da sala. "Até amanhã, dona Fátima."

Ela se despede. Meia hora depois, Fátima desliga o computador, arruma a mesa e vai para o banheiro fazer seu segundo xixi do dia.

X

No ponto de ônibus é que a secretária percebe que seu estômago dói de tanta fome. Ela mexe na bolsa e acha um chiclete. Na primeira mascada, começa a ficar enjoada e joga a goma fora. Agora, o embrulho no estômago não deixa a fome falar com a secretária.

São 23h quando Fátima abre a porta de seu apartamento. A mãe colocara em cima da mesa uma entrega que havia chegado para ela. Fátima pega a caixa e olha para a cozinha. Resolve que tem mais sono que fome. No caminho do quarto, abre a caixa e vê o telefone sem fio que vai mudar a sua vida a partir de amanhã. *Pelo menos vou poder fazer mais xixi e pegar meu almoço na recepção.* Fátima cai na cama e dorme exatamente como havia chegado da rua. Uma hora depois, ela vai acordar com medo do Monstro-Soares e correrá para a cama de seus pais.

No dia seguinte, Fátima terá uma grande surpresa: não há como usar telefone sem fio no SP Centrale, por causa das antenas das operadoras de celular instaladas no topo do edifício da frente.

13º andar

Razão social: NÃO EXISTE
Posição no mercado: SEM REGISTRO
Faturamento: –
Número de funcionários: INEXISTENTE
Tempo de vida: 5 anos
Tempo de SP Centrale: 5 anos
Missão da empresa: NÃO FOI CRIADA

O andar em branco

Notas do autor

1. Para contar a história do décimo terceiro andar do SP Centrale, precisei pesquisar a fundo a lenda urbana que tomou todas as construtoras do planeta: o andar de número 13. Ou melhor, a falta dele. Consegui pouquíssimos depoimentos de engenheiros, arquitetos e decoradores – que preferem ser chamados de *designers* de interiores. A maior parte, aliás, cancelou a entrevista.
2. Depois de muito bater às portas das construções que tomaram a cidade, um homem falou comigo em segredo sobre o mistério do "13", Sr. Hormenzino, o velho mestre de obras da Sidar. Muito do que você verá nas próximas linhas é o relato fiel desse mineiro criado na Bahia e que perdeu a virgindade em cima do caminhão que o trouxe até São Paulo, treze anos atrás. Em tempo: após a entrevista, senhor Hormenzino sumiu. Não há indícios de morte, mas alguns garantem que ele está perdido no universo paralelo do décimo terceiro andar.
3. A história sobre o andar de número 13 do SP Centrale é forte. Se você for como a Fátima, da RRS, e tiver algum problema para dormir à noite sozinho, pule para o próximo capítulo.

I

Assim como o SP Centrale Downtown Financial Center, muitos prédios no mundo não possuem o décimo terceiro andar, nem conjuntos comerciais com o número 13, muito menos vagas de carro que levam o número 1 com o 3 em seguida. Vários hotéis espalhados em todos os continentes também respeitam essa lenda urbana e sumiram com os quartos que tenham composição com número 13 – 113, 213, 313 e assim por diante.

Há inúmeros relatos de pessoas que garantem sentir uma energia diferente na passagem do décimo segundo andar para o décimo quarto, onde ficaria o décimo terceiro andar. Os mais sensíveis dizem que ouvem vozes gritando "*PERDÃO*". Mas há fortes indícios de que as palavras ouvidas em eco são: "*FEED...BA...CK*" ou "*TER....CEI.....R...I....Z.......A.....ÇÃO*". Não há um consenso.

"Uanda", a recepcionista do SP Centrale, dá um depoimento angustiado, que lembra muito a lenda da loira do banheiro, que assombra até hoje os estudantes de todas as escolas de São Paulo. Dizem que uma aluna que não passou em História se matou jogando toda a coleção de Monteiro Lobato na cabeça. Uma tristeza. Mas vamos ao que "Uanda" tem a nos contar.

– Uma vez, eu lembro... Estava descendo a escada e no último degrau do décimo quarto andar vi uma moça ruiva sentada, de costas. Ela usava um coque alto bem bonito, do tipo que eu nunca consigo fazer, e vestia um *tailleur* branco. Até fiquei preocupada com o fato de a roupa se sujar no chão. Eu me abaixei e tive um primeiro susto: era uma ruiva japonesa! Mesmo assim, perguntei se estava tudo bem. Ela disse que estava atrasada para a reunião de orçamento de um importante projeto, um projeto que traria crescimento para todas as áreas. E, quando eu perguntava de qual empresa era, não obtinha resposta. Ela falava, falava, usava umas palavras que eu não entendia direito. Disse que um tal de "Marquito Char" tinha crescido bastante e que a deixava muito otimista – acho que é filho ou sobrinho dela, quem sabe? Daí, eu disse que ia abrir a porta para sairmos de lá – não vi nenhum crachá na mão dela e pensei que estava presa nas escadas, porque, meu senhor, sem crachá, você não abre nenhuma porta no SP Centrale! É tudo muito seguro no prédio, sabe? Então... Fiquei de costas e abri a porta. Quando me virei pra chamá-la... Quando virei... – "Uanda" sempre se emociona nessa parte. – Quando virei... ela não estava mais lá! Não estava! Eu gritei, gritei, chamei. Disse que tinha que sair por aquela porta, que era o único jeito de chegar a tempo para sua reunião. Ouvi uns passos pela escada, corri até o saguão do prédio e não encontrei aquela executiva. Liguei para todos os andares e perguntei quem estava em reunião de orçamento. Quase todas as empresas tinham quatro ou cinco grupos conversando sobre o orçamento do ano. Achei estranho... Já era junho e o orçamento do ano ainda não estava aprovado? Tenho certeza de que o telefone também está assombrado. Por isso, desde esse dia, todo mundo que chega eu deixo subir direto. Não mexo mais naquele aparelho.

Quando os seguranças foram olhar os arquivos das câmeras do prédio, não acharam imagens de "Uanda" nas escadas, nem de nenhuma ruiva japonesa de *tailleur* branco. E, quando se pergunta a "Uanda" por que estava na escadaria do décimo quarto andar, de onde ela tinha vindo, geralmente a recepcionista desconversa. Ainda mais que apenas os crachás dos "consultores" da RRS é que abrem as portas que dão acesso às escadas desses andares. Como "Uanda" abriu a porta se o crachá dela não dá acesso nem mesmo às catracas que levam aos elevadores? Tudo, no mínimo, estranho.

Quando questionada se tem medo do fantasma, "Uanda" garante que não. Diz que é uma mulher de fibra. Para os seguranças, ela é mentirosa. As outras recepcionistas acham que "Uanda" é preguiçosa e inventou tudo isso pra não ter que ligar para as empresas e avisar que há visitante subindo.

II

Outra lenda, segundo seu Hormenzino, diz que o décimo terceiro andar não existe nos edifícios comerciais por causa de um gato preto que apareceu na construção do Empire State, o prédio mais alto de Nova Iorque, exatamente na hora que o décimo terceiro andar estava sendo finalizado. E era um dia 13. O gato sumiu, sem explicação. Uns dizem que era espírito, outros falam que alguém cimentou o felino por lá mesmo. O que aconteceu de fato foi a corrida histérica dos operários para ver quem chegava primeiro à rua do Empire. Os medrosos continuaram correndo para suas casas e abandonaram a construção. Outros, mais espertos, esperaram e começaram a criar um clima de medo, garantindo que não voltariam para os andaimes daquele prédio – perceberam que assim teriam um acordo nos seus pagamentos. Para que voltassem ao batente, os donos do Empire deram aumento de 10% no salário e garantiram que aquele andar ficaria vazio para sempre, jamais seria usado. Claro que os chefes não cumpriram o combinado, mas a história foi contada de um operário para outro, até a lenda se tornar uma verdade absoluta. No mínimo, podemos dizer que essa foi a primeira Rádio Peão registrada na história do mundo corporativo.

III

Depois de muita insistência, um engenheiro da Sidar, que não quis ter seu nome publicado, contou uma versão sobre a falta do décimo terceiro andar:

– Pelo que sei, essas histórias de gato preto e loira-ruiva-japonesa do banheiro que mora em escadaria não existem. É tudo superstição. E as empresas acabaram usando essas lendas urbanas para construir prédios altos, só que com menos gastos. Deixa eu explicar melhor... Por exemplo, o SP Centrale. Ele tem 20 andares, certo? Sim e não. Existem, de fato, 19 andares, mas, sempre que falam dele, dizem que tem 20. Assim, parece mais alto. O que é melhor? Dizer que trabalha num prédio de 19 ou de 20 andares? De 20, claro. Dá *status*.

A história do nosso engenheiro parou por aí, pois foi chamado pela assessora de imprensa da Sidar para fora da sala e não retornou mais. Nesse tempo, até o entrevistador perceber que aquele moço não voltaria, a pergunta que lhe martelava a cabeça era: "Por que, meu Deus, alguém acha que dá *status* trabalhar num prédio de 19 ou de 20 andares?". Podiam ser 50 andares e a pergunta continuaria no ar. O entrevistador arrumou suas coisas e foi embora. Por precaução, rezou um pai-nosso, se agarrou ao seu patuá que fazia de chaveiro do carro e pediu a todos os santos que o ajudassem a descer pelo elevador. O entrevistador esqueceu que a Sidar estava no décimo andar, bem longe do andar maldito.

IV
Curiosidade final do autor

Imagens captadas no *hall* do 6º andar e nos elevadores no dia em que o diretor-geral da SG sumiu são intrigantes. Vemos cenas de Pira correndo pelo *hall* de seu andar e entrando em um elevador sem ver para onde ia. A SG ocupa o 5º e 6º andares do edifício, e Pira, que queria descer, acabou subindo. Nos minutos finais de Pira, conseguimos ver um homem bravo, completamente derrotado, chutando a porta do elevador ao detectar que ele subia.

Segundo o pessoal da Internet Brazil, do vigésimo andar e que adora fazer leitura labial, Pira gritava: "Puta que pariu! Nem o elevador me respeita!". Nesse momento, há uma interrupção na imagem. Um ruído. Quando a gravação volta, o elevador está parado, aberto e vazio, no décimo nono andar. O ruído na imagem, intui "Uanda", aconteceu exatamente na passagem do décimo segundo para o décimo quarto andar. Ou seja, Pira sumiu no décimo terceiro andar. Mas, até agora, ninguém sentiu falta do pequeno gnomo.

15º andar

Santos Bebidas

Razão social: Santos Bebidas Ltda.
Posição no mercado: 5º lugar
Faturamento: US$ 400 milhões
Número de funcionários: 99 "empregados"
Tempo de vida: 42 anos
Tempo de SP Centrale: 3 anos
Missão da empresa: "Vender cerveja"

Catarse

I

Todos os dias são iguais para o Sr. Santos. E ele gosta disso. Acorda às 4h, toma café preto sem açúcar, vai para o chuveiro, veste uma espécie de terno-uniforme e segue em seu Santana 88 para o escritório do décimo quinto andar do SP Centrale. Chega pontualmente às 6h e já começa a despachar. Sua primeira reunião-castigo começa às 6h15, sem atrasos.

Às 8h, depois da segunda reunião, que acontece entre 7h e 7h45, Sr. Santos sai pelo escritório para fazer sua ronda matinal. Ele passa de mesa em mesa segurando uma prancheta de madeira com uma espécie de folha de presença, e marca ao lado de cada nome quem já chegou e quem está atrasado. Sr. Santos não dá bom-dia nem boa-tarde, muito menos boa-noite. Sr. Santos conversa o necessário, apenas o que sua irritação congênita lhe permite ouvir. Sr. Santos se reserva o direito de patrão de dizer poucas palavras, geralmente "PÔDÊ" ou "NÔ PÔDÊ". Sim, Sr. Santos fala acentuando várias vogais em algumas palavras, especialmente essas duas. Ou seja, Sr. Santos é o pai da gramática em sua empresa.

Um dos resultados da sua ronda-prancheta é que quem tiver mais de três marcas de atraso no ano tem 50% de seu bônus diminuído. Detalhe: três marcas contando as outras duas rondas do dia, às 13h30 e às 20h30. Na Santos Bebidas, as pessoas têm que sair para almoçar das 12h25 às 13h25, quando o próprio Sr. Santos desliga o quadro geral de energia da empresa. E devem estar de volta às suas mesas pontualmente às 13h30. O fim do expediente na empresa varia dia a dia, mas ninguém pode ir para casa antes das 20h40, quando o dono vai embora. A maioria dos funcionários acaba trabalhando até 22h.

II

Engana-se quem pensa que o Sr. Santos é britânico, por gostar tanto assim de horários. Ou suíço, por parecer ter adoração ao relógio. Não. Esse homem é brasileiro e foi criado na cidade de Santos, no estado de São

Paulo – daí vem seu nome, que também serviu para batizar sua empresa e sua famosa cerveja, a Santos, que hoje representa 5% do mercado de bebidas alcoólicas do país.

Sr. Santos não sabe de onde veio, quem são seus pais, nem se tem ou não família. Aliás, prefere não ter. Ele foi deixado ainda bebê num orfanato da cidade portuária e nunca foi adotado. Teve muito amor das freiras do orfanato; as crianças o tratavam bem e sempre queriam ser amigas dele. Mas Sr. Santos não queria ninguém. Aos 18 anos, foi embora sem dar sequer um abraço na madre superiora, nem nas outras ajudantes, que o viam como filho. Santos era um moço bonito, grande, de 1,80 m, com postura e mãos bonitas. As irmãs conseguiram para o rapaz um estágio remunerado na maior empresa de bebidas do país, na época. Elas tentaram manter contato através de cartas, que nunca receberam resposta. Até hoje, irmã Catarina – uma noviça, na época – lembra com carinho daquele garoto calado, que sempre estava pronto nos horários marcados. O Garoto-Relógio-Mudo também recebeu muitos sorrisos e braços abertos em sua nova vida. Assim que chegou ao seu estágio, os novos colegas o batizaram de "Santos". Eles sempre chamavam o órfão para sair, beber, ver as mulheres. Santos tinha convites e mais convites para o Natal, para o Réveillon. Ele não queria. Preferia ficar sozinho, sem conversar muito.

Por não ter problemas com horários, Sr. Santos cresceu rápido em seu primeiro e único emprego. Chegou ao cargo de chefe de seção em menos de seis meses após ter começado na fábrica e, em apenas quatro anos, já era diretor operacional. Ganhava bem, gastava pouco, investia direito. Aprendeu o que era Bolsa de Valores e, aos 35 anos, já era um homem muito rico. Tão rico que construiu sua própria marca de cerveja e só não cresceu mais porque não quis. Para ele, estava bom daquele jeito.

Apenas uma coisa incomodava Santos mais nele que nos outros – seus pelos em lugares estranhos. Nas orelhas pulavam tufos e, no nariz, vários fiapos duros cresciam, como uma seta ao contrário. Mas Santos se negava a fazer qualquer tipo de depilação. Não tinha por quê. Ele não tinha ninguém, e ainda era virgem, aos 67 anos. Sua postura ainda continuava firme, e suas mãos, bonitas – sem sinal de pelos.

III

Ao abrir sua empresa, Sr. Santos trouxe na bagagem tudo o que tinha aprendido no seu trabalho anterior. Principalmente uma verdade: trabalho e dinheiro têm que andar juntos. E isso ele levava ao pé da letra. A Santos Bebidas pagava os melhores salários do setor e era a empresa que dava os bônus mais agressivos do mercado. "Um caminhão de dinheiro", era o que ganhavam todos os seus funcionários. "Dez anos de bônus na Santos e você pode parar de trabalhar para sempre", diziam as Rádios Peão do país. Todos mandavam currículos e mais currículos para a empresa. Mas Sr. Santos, na mesma bagagem, trouxe outra filosofia: só trabalhava com pessoas sem experiência. Os famosos *trainees*. Dessa forma, seria mais fácil dominar e manipular seus funcionários. Uma espécie de mito da caverna de Platão, convencendo aqueles jovens de que a forma de trabalho da Santos Bebidas era a única que existia e que dava dinheiro. E todos acreditavam.

Todos os anos, Sr. Santos contratava doze novos *trainees*, o que significava dizer que a cada final de ano os doze piores funcionários eram jogados para fora da empresa. E sempre acabavam contratados pelos concorrentes, que adoravam "esses lobotomizados da Santos, que não fazem cara feia para quinze horas de trabalho", dizia sempre o diretor da empresa de onde Sr. Santos viera.

A decoração da Santos Bebidas era muito diferente da que se via nas outras empresas que habitavam o SP Centrale (por sinal, a Santos Bebidas acabou no prédio da Faria Lima apenas porque o presidente havia recebido aquele escritório como pagamento de uma antiga dívida de um fornecedor). Lá, no décimo quinto andar, existia uma sala de vidro que ficava num patamar mais alto que o resto do escritório. Nele, os móveis lembravam aqueles escritórios ingleses de madeira escura, cadeira com encosto de couro verde-musgo e uma vasta biblioteca com livros de séculos anteriores. Um pequeno notebook quebrava aquele ar de século XIX. Ali o Sr. Santos trabalhava todos os dias. Aquela era a sua sala, com vista para todos os seus funcionários.

Na Santos Bebidas, funcionário era chamado de empregado e a área de RH era conhecida apenas como Departamento de Pessoal. O resto do escritório ficava todo voltado para aquele imperador. As mesas de todos os outros 98 empregados estavam viradas para aquele cenário. O Sr. Santos não permitia nenhum aumento de quadro. Eram 98 e sempre seriam 98. Sr. Santos era o funcionário número 99. As estações de trabalho eram velhas, arranhadas e manchadas, compradas em lojas de segunda mão. Algumas até mesmo bambas, com calços, e outra mesa chegava ao cúmulo de ter uma das pernas feitas com listas telefônicas da década de 1970. Os computadores eram antigos, com monitores monocromáticos e telas pequenas, de 14 polegadas. Os *softwares* eram tão ultrapassados que muitos arquivos enviados por fornecedores não abriam nos computadores da Santos. Internet era artigo de luxo, usada apenas pelos dez gerentes e por cinco diretores. Mas ninguém reclamava. O dinheiro no fim do mês era um bom cala-boca para os funcionários da empresa.

É importante contar que na Santos Bebidas não havia ninguém casado com a mesma esposa ou marido a. S. – antes da Santos. Pior: poucas pessoas tinham algum tipo de relacionamento fora do universo da empresa. Família, amigos, namorados e namoradas eram apenas palavras de uma vida passada, com algum significado esquecido.

O Sr. Santos também tinha duas outras manias. Uma era de sortear, sempre às 9h04, o nome de um funcionário ou da área que ele iria espezinhar naquele dia. E a outra mania era marcar reuniões às 6h, avisando apenas na noite anterior. E não importava se o dia seguinte era sábado, domingo, feriado, Páscoa, Natal ou Ano-Novo. Se o Sr. Santos queria marcar a reunião, ele simplesmente marcava. E era bom ninguém chegar atrasado.

IV

E assim foi nessa manhã de quinta-feira. O Sr. Santos marcou reunião com todos os gerentes e diretores para que conhecessem os projetos finais dos *trainees* daquele ano. Cada um tinha que preparar um projeto mostrando o que havia feito e como imaginava ajudar a empresa a crescer. Naquele ano, como em todos os outros, os *trainees* que mais se destacassem ou que trouxessem ideias inovadoras demais seriam cortados. Sr. Santos não queria ninguém que mexesse naquela máquina perfeita que ele criara, nem que viesse com nada muito moderno.

Às 6h, pontualmente, o dono-deus-presidente começou a apresentação dos *trainees*. Minutos antes, em sua sala, havia sorteado não um nome, mas uma categoria de funcionários que sofreria naquele dia. E os azarados da vez eram *diretores*.

Dois *trainees* chegaram às 6h03 e não puderam entrar. Foi assim que eternamente fecharam para eles a porta da Santos Bebidas. Esses dois não iriam trabalhar apenas dez anos e se aposentar.

Quando o primeiro garoto de 23 anos foi à frente da grande mesa da única sala de reunião da Santos Bebidas, o velho dono levantou um dedo e pediu que esperasse. O rapaz tremia. Tremia tanto que não conseguia marcar com o *laser point* o que estava apresentando na tela. A luz vermelha parecia ter sido engolida por um furacão. Sr. Santos tirou sua tão temida *maleta* de baixo de sua cadeira.

A *maleta* do Sr. Santos já havia rompido as barreiras da Rádio Peão nacional e até na Europa ela já era conhecida. E, pior... imitada. A *maleta* trazia vários objetos batizados pelo próprio dono da empresa de "Acorda, besta!". Eram várias pelúcias que imitavam laranja, tomate, melancia e abacaxi. Toda vez que alguém falava algo que o Sr. Santos achasse sem sentido, recebia uma das frutas ou vegetais na cara. Naquele dia, porém, havia mais uma surpresa que o presidente resolvera montar na frente de todos. Sr. Santos pegou doze revólveres de plástico que atiram água e entregou aos diretores, que eram cinco, ficando mais de um revólver para cada um. O presidente mandou que pegassem os copos de água que estavam na sua frente e enchessem os revólveres. Os *trainees* tremeram, enquanto os diretores começavam a se divertir. Finalmente poderiam atirar algo em alguém, e não só receber tomates e laranjas de pelúcia na cara.

Então, Sr. Santos deu a ordem: "Agôra, senhôres, entrêguem esses revólveres aos *trainees*". Ninguém entendeu. Um diretor riu. Sr. Santos jogou um abacaxi na cara dele. Os *trainees* ficaram aliviados. Cada *trainee* recebeu um revólver de seu diretor. Dois sobraram e ficaram nas mãos de Sr. Santos.

O presidente passou as instruções de uso daquele brinquedo: "Cada vez que algum *dirêtôr* perguntar alguma besteira, vocês *pôdêm* atirar água neles. E não se *preôcupem* com a munição". Nesse minuto (tudo extremamente cronometrado), entrou a secretária com uma caixa de copos de água na sala e a colocou na frente deles. "*Pôdêm* começar."

O primeiro *trainee* apresentou um projeto de melhorias para o sistema de pagamento, aprimorando processos e diminuindo o tempo gasto. Ele não fazia ideia de como Sr. Santos gostava de burocracia e carimbos. "Esse aí vai trabalhar na fábrica", sentenciou Sr. Santos, mentalmente. Terminada a apresentação, nenhum diretor fez perguntas. Sr. Santos, então, de onde estava, atirou pequenos jatos de água na cara de cada diretor. E disse: "*Nô pôdê nô* perguntar nada! Se ninguém pergunta, só eu atiro e atiro em todo mundo". Teve diretor que ficou vermelho de raiva. "E se alguém estiver *bravô*, basta passar *nô Departamênto* de Pessoal e pedir demissão. Vocês sabem que aqui ninguém é indispensável", Sr. Santos falou, olhando para o diretor roxo de indignação – que, por sinal, era o diretor do Departamento de Pessoal.

Um outro diretor fez uma pergunta sobre custos e prazos do projeto. Aquele era o diretor financeiro – que o *trainee* odiava. Com o revólver na mão e com a bênção de Deus-Santos, o rapaz pegou o revólver com força e apertou o gatilho direto na cara do diretor. O *trainee* se sentiu melhor, mais tranquilo, feliz, e não parava de atirar água. Sr. Santos jogou um tomate de pelúcia no garoto, que estava tão concentrado em atirar água no diretor financeiro que se desequilibrou e quase caiu. Os diretores riram. Sr. Santos continuou com a mesma feição. O segundo *trainee*, uma menina do interior da Paraíba, foi à frente da mesa.

Depois de falar por dez minutos sobre os relatórios diários que seriam gerados mostrando vendas *versus* custos, Sr. Santos interrompeu a garota com um jato de água. Bem nos peitos dela, que acabaram aparecendo um pouco, porque sua blusa branca ficou transparente com a água. A Rádio Peão passaria a chamá-la de "Garota da Blusa Molhada" pelo resto da sua vida.

O terceiro e quarto *trainees* resolveram se apresentar juntos, numa espécie cafona de jogral. Aquilo irritou Sr. Santos de tal maneira que ele não esperou os dois terminarem: tirou os revólveres de suas mãos e os mandou diretamente para o Departamento de Pessoal. Os executivos aplaudiram o presidente em pensamento. Ninguém estava entendendo o que os dois tinham pensado para a empresa. Parecia que eles estavam propondo uma revolução na Santos Bebidas, querendo abrir uma empresa de salgadinhos para serem vendidos junto com as cervejas. "O preço vai crescer, mas todo mundo vai querer comprar", foi a última frase dita pelos dois juntos, enquanto a apresentação de PowerPoint mostrava uma garota gostosa, deitada, cheia de batatas fritas pelo corpo e tomando cerveja Santos de canudinho. Ou seja, uma porcaria de trabalho. Pensando bem, até que o Sr. Santos não estava de todo errado.

O penúltimo *trainee*, uma garota com cara de eterna angústia, saiu da sala correndo e acabou virando assistente da diretoria da RRS. Sr. Santos mandou, no dia seguinte, buscar o revólver na casa dela.

O último *trainee* começou sua apresentação com uma tela em branco. Ao ser questionado pelo diretor de operações do que se tratava aquilo, o rapaz descarregou seu revólver na cara do executivo, que teve seus óculos totalmente molhados. O *trainee* respondeu que a Santos não precisava de projeto, precisava apenas de trabalho. Ele completou que a empresa era perfeita. Outro diretor tentou falar alguma coisa, mas também foi silenciado por um jato de água. O terceiro diretor nem precisou abrir a boca para receber sua parte do jato. O pequeno-homem de 22 anos ficou tão excitado que, ao acabar a água do revólver, pegou dois copos de água, abriu-os e jogou a água direto nos gerentes, que tentavam se esconder do ataque. Todos ficaram com os ternos molhados. Sr. Santos gostou de ver a coragem do rapaz. Aquilo tudo lembrou seu ex-*trainee*, o melhor que já teve, o Wagner. Pelo que o Sr. Santos soube, hoje ele é presidente de uma empresa de varejo. Mal sabe o Sr. Santos que o melhor *trainee* que havia tido trabalha no mesmo prédio que ele.

O imperador-presidente foi calmamente até a caixa com os copos de água, pegou um deles, abriu e o entregou ao garoto. Sr. Santos deu ordens para que o *trainee* virasse a água em sua própria cabeça e, sem pensar duas vezes, ele fez o que seu novo dono mandava. E estava feliz.

Quando Sr. Santos virou de costas, sem qualquer expressão, foi que sentiu uma pancada no pescoço. Era o abacaxi que ele havia jogado no primeiro *trainee*. Sr. Santos virou-se, vermelho. Os diretores ficaram chocados, empurrando suas cadeiras para trás, tentando fugir da linha de confronto. O garoto estava com os olhos vidrados. Esticou o braço e colocou o revólver na cara do presidente. "*NÔ PÔDÊ!*", foram as últimas palavras que Sr. Santos disse antes de se engasgar com o jato de água que entrou na sua garganta. A *trainee* de blusa branca, já quase seca, também pegou seu revólver e atirou no presidente. Os diretores se levantaram. O terceiro *trainee* mandou um copo de água direto na cara do Sr. Santos. Um diretor atacou com a melancia de pelúcia. Um terceiro diretor jogou um sapato e em seguida o outro. O último *trainee* tacou mais água no presidente, que começou a tossir por causa da sapatada no estômago. A Garota da Blusa Molhada gritava, jogando água nos próprios peitos, deixando-os totalmente à mostra. Os diretores se dividiram em duplas e pegaram Sr. Santos como se fosse uma bola de vôlei. Jogaram o velho de um lado para o outro, até que, totalmente tonto, desabou numa cadeira, ainda tossindo por causa das sapatadas na barriga. Nesse momento, totalmente sem defesa, Sr. Santos foi rodeado pelos diretores e gerentes, que apertavam o gatilho dos revólveres e despejavam copos com água nele, encharcando o presidente.

O último *trainee* a fazer a apresentação permaneceu com os olhos vidrados e a *trainee* de camisa branca continuava, aos berros, jogando água nela mesma, principalmente nos seios. De repente, Sr. Santos se levantou, deu um beliscão no bico do peito esquerdo da garota e disse, com os dentes serrados: "*Calê a Bôca*, sua histérica! *NÔ PÔDÊ* gritar!". O velho homem abriu a porta da sala que dava acesso ao seu aquário e entrou correndo. Lá, viu todo o seu escritório parado, olhando para ele. Sr. Santos estava com todos os seus pelos encharcados, o terno desalinhado, a gravata amassada. Santos-Deus-Dono saiu da sala e voou para o elevador. Quando ele dobrava o corredor, os diretores o interceptaram e começaram a jogar mais água no presidente. A *trainee* de camisa branca, ainda gritando, correu pra cima de uma mesa no meio do escritório e começou a falar palavras totalmente desconexas, jogando água na cabeça e nos peitos. De repente, algo ainda mais *nonsense* aconteceu.

V

A *trainee* de camisa branca estava com os seios cem por cento à mostra e começou a cantar uma música que tinha recebido naquela semana via Internet – em sua casa, é claro. Lembra-se que na Santos só os diretores e gerentes têm acesso à rede mundial de computadores? Ela começou a entoar a letra da canção. "Vai tomar no cu.... Vai tomar no cu.... Vai tomar... Bem no meio do seu cu...". Os diretores colocaram o presidente em cima da mesa, aos pés da *trainee*. Ele já estava com a camisa para fora da calça, cueca aparecendo. A *trainee* abaixou-se até o presidente, olhou-o como uma mãe para um filho e continuou cantando: "Vai tomar no cu... Vai tomar no cu... Vai tomar bem no meio do olho do seu cu...". E todo o escritório, numa só voz, começou a cantar com a garota da camisa transparente. Braços pra cima iam de um lado para o outro, copos de água caíam na cabeça de Sr. Santos. Todos os 98 funcionários entoavam a música, como um mantra. O escritório foi tomado pela catarse coletiva e pela música. Telefones tocavam, fazendo o arranjo da canção. Isqueiros eram acesos e celulares piscavam, como num show. Já totalmente desmanchado, Sr. Santos não conseguia pensar em nada.

Depois de cinco minutos, todos os funcionários fizeram uma fila indiana e seguiram para as escadas, cantando a música "Vai tomar no cu". Permaneceram no escritório apenas o Sr. Santos e o *trainee* que tinha começado aquele ataque ao presidente. Ele estava em estado catatônico, ainda na sala de reunião, atirando água numa cadeira à sua frente, cantando a música, movendo-se apenas para pegar mais água e encher o revólver. Até que os copos acabaram e ele desabou no chão da sala. Cansado.

Sr. Santos, quando percebeu que todo mundo tinha abandonado o escritório, apagou as luzes e fechou a porta da Santos Bebidas com o *trainee* dentro. E foi embora. No elevador, viu um rapaz que achou que fosse Wagner, seu melhor *trainee*. Ele não o cumprimentou. Wagner tampouco quis dar "oi" para o velho patrão, que estava em estado lastimável. Eles não eram dados a essas cenas saudosistas. Eles não eram feitos de emoção.

VI

No dia seguinte, às 6h, Sr. Santos estava de volta à empresa, assim como todos os funcionários. Ninguém falou sobre o que havia acontecido no dia anterior. O presidente sorteou o papel com o nome ou área ou cargo com o qual ele iria se irritar naquele dia. Saiu *Financeiro*. Ele faria todas as pessoas reverem os balanços dos últimos anos. O *trainee* responsável pela histeria coletiva do dia anterior não estava mais na sala de reunião. Ele havia saído pela escada de emergência durante a madrugada e também apareceu no escritório às seis horas em ponto. Naquele dia, todos os funcionários resolveram não almoçar, para não dar margem para o dono marcar qualquer atraso. Todos queriam o bônus daquele e dos próximos anos.

Sr. Santos mandou jogar fora todos os revólveres de água. Ficaria apenas com as pelúcias.

O Sr. Santos só não fazia ideia de que alguém havia filmado toda aquela balbúrdia em seu escritório e publicado o vídeo no YouTube. A música "Vai tomar no cu" tinha virado hit na Internet, e o vídeo, o mais acessado do site por meses. Sr. Santos também não sabia que era uma celebridade online e que toda aquela catarse faria o *market share* da Santos crescer dois pontos naquele ano. Ou seja, essa acabou sendo a melhor e mais barata campanha de marketing da história da companhia.

16º andar

SPTEL

Razão social: SPTEL Telefonia & Telefones Ltda.
Posição no mercado: não há *ranking* nesse perfil de empresa
Faturamento: US$ 100 milhões
Número de funcionários: 820 "negociadores"
Tempo de vida: 35 anos
Tempo de SP Centrale: 4 anos
Missão da empresa: "Conseguir que todo brasileiro tenha direito de andar falando ao telefone"

Pais e filhos

I

– Nelsinho, fui eu que dei essas metas?
– Bem, pai...
– Nelsinho, responda sim ou não.
– Não, pai.
– Foi você quem estipulou essas metas?
– Não, pai...
– Quem foi, então?
– Os gerentes, pai.
– Então você quer dizer que nossos gerentes são todos retardados?
Silêncio.
Desligou.

Assim começou o dia de trabalho na manhã ensolarada no 16º andar do SP Centrale. Todos os gerentes numa sala de reunião em teleconferência com Nelson-Pai, como chamavam o fundador da SPTEL. Aquele homem tinha uma fortuna avaliada em 300 milhões de dólares e continuava despachando religiosamente às nove da manhã de sua fazenda no Rio Grande do Sul, a Éden (claro que o paraíso era reservado somente ao dono da empresa. Os empregados que ficassem no inferno). O que mais incomodava todos na sala era a maneira com que o dono de uma das maiores lojas de telefones do Brasil se dirigia aos seus executivos. A SPTEL não tinha diretores, apenas gerentes de venda geral de cada loja e que permaneciam na sede da empresa. Talvez os gerentes ficassem ainda mais estarrecidos se vissem a forma como esse homem estava vestido sempre que entrava em teleconferência. Nelson-Pai ligava para São Paulo de seu celular diretamente da piscina de sua fazenda, usando uma sunga verde-água com a marca Speedo já apagada, o elástico frouxo e uma bola do saco pendendo na perna. Geralmente a do lado direito.

Nelson-Filho, o Nelsinho, saiu de mais uma reunião de vendas. E mais uma vez humilhado pelo pai na frente de todos. A meta do ano, que realmente tinha sido dada pelos gerentes, não estava nem perto de ser batida. E Nelson-Pai não queria saber de desculpas ou de mudanças de resultados. Queria mais e mais dinheiro.

II

Nelson-Pai era o típico empresário que deu certo no Brasil: muita sorte, muito trabalho, um bom dinheiro para começar um negócio e boa habilidade para diminuir gastos. No entanto, nos quesitos criação e inovação ele era nota zero – como a maioria dos empreendedores de sua geração. Nelson-Pai sempre contava a história da sua vida nas reuniões de fim de ano da empresa. Ele gostava de criar o personagem que veio de baixo e conquistou seu lugar ao sol. Sempre dizia que sabia o que era não ter nada, que começara a trabalhar cedo e que tudo que possuía tinha sido conquistado com muito suor. Suor, sim... mas de seus funcionários. Pior: os "negociadores", como eram chamados os que trabalhavam na SPTEL, sempre se emocionavam com suas histórias. Exageradas.

Nelsinho era o filho mais velho de Sr. Nelson e logo, segundo as normas da família, seria o herdeiro-futuro-presidente do grupo SPTEL. Desde criança, o que mais queria era ser ator. Mais que ator, queria ser ator de teatro alternativo, mambembe mesmo. Seu desejo era descobrir novas formas de expressão e sentir o povo perto, levar cultura para as periferias e cidades do Nordeste. Ele já se imaginava numa trupe com quatro, cinco atores correndo o país, sempre com enredos diferentes, dentro de um caminhão e cinco dias sem tomar banho. Não se importaria com a falta de luxo, já que estaria junto de sua arte.

Ou seja, Nelsinho era o desgosto do pai. Sempre chegava nas festas de família ou nas reuniões de amigos declamando poesias dadaístas e encenando de improviso personagens do sertão, *Filhos da fome*, como gostava de enfatizar, dando tudo de si em encenações viscerais. Horror puro. E o mais triste é que ninguém aplaudia Nelsinho ao final de suas *performances*. Mas o primogênito de Nelson não se abatia. Virava as costas e saía pensando em sua próxima peça. Um dia aquelas pessoas iriam reverenciá-lo, ele sabia. A Nelson-Pai cabia os pedidos de desculpas às visitas, dizendo que aquilo era coisa de criança, uma coisa passageira.

Na última apresentação que Nelsinho fez na vida, apareceu vestido de "Vergonha Brasileira", numa mistura de Dercy Gonçalves com Elke Maravilha, cheio de colares e uma peruca verde. Nelsinho recitou textos em que costurava Garcia Lorca com Catulo da Paixão Cearense. Nelson-Avô deu um ultimato em Nelson-Pai na frente de todas as pessoas que estavam em sua casa na noite de Natal.

– Ou você resolve o problema desse menino, ou trata de deserdá-lo desde já. Isso aí não vai ser nem *veado*. Isso aí vai querer é cortar o pau quando crescer – disse o homem mais sábio da família Nelson.

Nelson-Pai e todas as visitas da sala concordavam com a fala do avô. Nelson-Pai pegou Nelsinho pelo braço e disse, baixo:

– Vai se lavar e some desta sala, seu *PASPALHO*!

Nelsinho respondeu alto o que tinha ouvido de um cabeludo na televisão:

– É proibido proibir, PORRAAA! – e encheu bem a boca para reforçar cada vogal da palavra "*porra*" com sotaque carioca.

Nelson-Pai ficou parado. A mãe de Nelsinho também. Nelson-Avô abaixou-se na altura do garoto e sorriu para ele. Nelsinho se sentiu salvo pelo velho, que acabou por surpreender a todos os figurantes dessa peça paulistana de Nelson Rodrigues. O avô levantou-se e deu um tapa na cara de Nelson-Pai.

– Só volto a ver esse merdinha depois que ele virar homem – disse o avô, e saiu antes da ceia. Nelsinho, nessa época, tinha apenas seis anos e nunca cogitara que a partir daquele minuto já seria um adulto. Também não poderia imaginar que nunca mais veria o avô, que morreu no dia seguinte de infarto, atrapalhando o ano-novo da família, que já havia pago para ver os fogos de Copacabana. Muitos parentes disseram que a morte do velho tinha sido causada pelo desgosto com o neto.

III

As lembranças da infância roubam a atenção de Nelson-Filho enquanto caminha para sua sala, depois de mais uma reunião irritante com seu pai. Mas ele sabe que em breve tudo mudará. "Aguarde, pai...", pensa.

Nelsinho havia crescido muito desde aquele Natal na casa de seus pais. Hoje, aos 37 anos, engordou bastante. Com 167 quilos, come compulsivamente. Sua terapeuta (que consulta, escondido da família) diz que sua tristeza com a vida é resultado da falta de amor na infância. Será? Também não recita mais poesia, não lê mais nenhum livro e passa longe de teatros e cinemas. Na TV, vê apenas notícias de economia. Afinal, é o herdeiro-futuro-presidente da importante SPTEL. O primogênito de dois filhos. Para Nelson-Filho, a família reservou o trabalho, e para o caçula, o orgulho. Seu irmão é o famoso Delson K (sim, os dois são quase uma dupla sertaneja: Nelson e Delson), ginasta e dono de uma medalha de ouro olímpica. Nelson-Pai adora mostrar a foto do filho campeão para todo mundo. Geralmente, a foto de Nelson-Filho fica no porta-retrato menor, atrás das várias imagens de Delson pulando e fazendo cambalhotas. Nelsinho é solteiro e seus pais acham que ele é gay. Delson vive para cima e para baixo com seu treinador e seu pai não se preocupa com a sexualidade do filho, quer apenas que ele seja feliz. Nelson-Pai adora o sarado-amigo do caçula. Ele até deixa os dois dormirem no mesmo quarto na casa de campo em Atibaia. Nelsinho não tem amigos nem amigas. E nunca levou ninguém para casa para dormir em seu quarto. Triste.

Se o destino tinha sido mais sorridente para o caçula dos Nelson, para Nelson-Filho não havia saída a não ser cuidar da SPTEL. A empresa da família é sinônimo de telefone. Uma rede de lojas focadas em telefonia, com quase uma centena de lojas nas principais capitais e 48 quiosques nos shoppings de maior rentabilidade de São Paulo, Rio, Salvador e Belo Horizonte.

Hoje em dia, a SPTEL vende tudo de telefone fixo ou móvel que você possa desejar. Nas décadas de 1970 e 1980, Nelson-Pai comprava, vendia ou alugava linhas de telefone quando isso era um bom negócio. Depois, com a chegada dos telefones celulares, as lojas foram atualizadas para comercializar todas as marcas e operadoras que existem no país.

IV

Nelson-Pai está elétrico. Depois de se desligar da teleconferência com aqueles imbecis que tocavam sua *firma*, ele lembra que em breve tudo mudará. "Aguarde, meu filho...", pensa.

O fundador da SPTEL irá à inauguração de sua maior loja, aquela que sempre sonhara em ter no shopping mais chique de São Paulo, que também fica na Faria Lima. Finalmente terá sua loja de 1.500 m², com tudo o que há de mais moderno em telefonia. Nelson-Pai adorava perceber como se sofisticara nos últimos anos. Primeiro tinha sido a mudança da sede daquele galpão no Sacomã para um dos metros quadrados mais caros da cidade, o SP Centrale. E, agora, sua nova loja seria usada e abusada pelos endinheirados da cidade e do país.

V

Para a grande inauguração, Nelson-Pai chamou para cortar a fita vermelha (sim, havia uma fita vermelha) a garota-propaganda da SPTEL, a estrela da novela das oito. Ela recitou um discurso escrito pela área de marketing da empresa que emocionou o presidente. Só o presidente. Pelas paredes da loja, foram espalhadas várias fotos dos 35 anos de vida da empresa. No *hall* da entrada, havia uma grande e feia surpresa envelopada num tecido vermelho que chamava mais atenção que todos os aparelhos telefônicos disponíveis. As pessoas saberiam o que era aquele elefante escondido apenas quando Nelsinho chegasse. Ele é quem tinha inventado aquilo e ele é quem tiraria o pano que cobria a surpresa. "Incapaz. Meu filho é uma bicha incapaz", pensava Nelson-Pai, dando um pequeno suspiro olhando para aquela *coisa* no meio de sua loja.

Nelsinho chega afobado à inauguração, não conseguia subir direito nem mesmo a rampa do shoppiang. O pai olha com certo nojo aquele filho andando em sua direção. Estava completamente mole, parecendo o Jabba de *Star Wars*. Nelson-Filho pede desculpas pelo atraso. O pai finge que não o vê. O gerente de marketing da SPTEL chama o futuro presidente e diz que precisam fazer a inauguração logo. "As pessoas precisam trabalhar." Nelsinho puxa o executivo de marketing pra bem perto dele e fala baixinho: "Vai pra puta que te pariu. Cala a boca. Eu é que digo a que horas as pessoas vão trabalhar". O gerente se cala. Nelsinho tem medo apenas do pai e acaba repetindo com seus funcionários a mesma atitude que Nelson-Pai tem com sua mãe.

Nelsinho manda todos os funcionários caminharem para o *hall* e faz um discurso cheio de emoção. Fala sobre O homem que mudou sua vida. Quão grato era por ter cruzado com aquele ser nesta encarnação. O pano vermelho é puxado, caindo aos poucos, como uma seda num corpo feminino gordo e cheio de dobras. A imagem que se revelou era uma das coisas mais grotescas que Nelson-Pai havia visto na vida. Surgiu do nada uma estátua de Nelson-Avô com roupas de mulher, vestido de *Vergonha Brasileira*, exatamente como Nelsinho estava aos seis anos. Nelson-Pai fica parado. A única coisa que tem vontade de fazer é voltar ao passado e não transar com a esposa no dia em que fizeram aquele filho.

As pessoas olham e não entendem o que é aquela... aquela... *coisa*. A atriz dá uma leve risada, achando que era para ser engraçado. O primeiro riso propagou como um vírus mortal e imediato, atingindo a todos na loja. De repente, um barulho ensurdecedor de gargalhadas tomou toda a SPTEL do shopping. Inclusive Nelson-Pai ri. Pela primeira vez na vida, Nelsinho havia conseguido surpreendê-lo. Parabéns para o filho.

A risada contagiante vai acabando e a estranheza retorna. A vergonha de Nelson-Pai também. Num ímpeto, ele chama os jornalistas presentes – poucos, já que a assessoria de imprensa da SPTEL era bem ruim – e faz um depoimento. Nelson-Pai conta que tem a última surpresa da inauguração: está abrindo uma *fundação* e todo o seu dinheiro será destinado a ela. Com ele ficará apenas a fazenda do Rio Grande do Sul e algum dinheiro que lhe garantirá certo conforto até o fim da vida. No entanto, a empresa, as lojas e todos os ganhos serão destinados à pobreza, à *Vergonha Brasileira*, como seu filho batizou a estátua.

VI

Já fora do shopping, Nelsinho também acaba de rir de tudo, imaginando a cara de seu pai. Depois do riso, vem o choro forte. Chora, chora e chora a ponto de seus olhos não conseguirem mais enxergar a rua e ter que parar o carro. Nelson-Filho entra num estacionamento, larga seu Jaguar zero quilômetro e pega um táxi. A única coisa que consegue dizer para o taxista é "aeroporto de Cumbica".

VII

Nelson-Pai segue para o SP Centrale. Ele não quer matar o filho. De jeito nenhum. Quer apenas contar pessoalmente a Nelsinho que está deserdado. Como Nelson-Avô o havia aconselhado a fazer décadas antes. Chegando ao escritório, a recepcionista avisa a Nelson-Pai que o Sr. Wagner, da MUNDO de Descontos, está esperando por ele. Nelson-Pai não faz ideia de quem seja esse homem.

Nelsinho chega ao aeroporto e faz o check-in do seu voo para a Suíça com escala em Milão. A primeira classe o aguarda.

VIII

Nelson-Pai entra na sala de reunião. Wagner já está em seu segundo café. Eles apertam as mãos.

– O senhor quer conversar comigo?

– Sim, ou não estaria aqui – responde o todo-poderoso da MUNDO.

Nelson-Pai se incomoda com o tom daquele homem, que faz surgir o Nelson-Mais-Que-Arrogante.

– Como o senhor sabe, eu sou o CEO da MUNDO e vim conversar com os funcionários para resolvermos hoje mesmo todo o agrupamento da empresa.

– Peraí, mocinho. Você veio fazer o quê?!

– Meu senhor, o senhor poderia chamar seu filho? – Wagner pergunta, em tom impositivo.

– Sim, poderia, se eu soubesse onde ele está. Eu adoraria poder chamá-lo – responde Nelson-Pai, com os olhos presos a Wagner.

A secretária de Nelson-Pai entra na sala para avisar que não encontra Nelsinho e que seu celular está na caixa postal. Ela para, olha para o senhor de costas e reconhece Wagner. A secretária é Maria José, ex-Promoção. Ela sai da sala de reuniões correndo para o banheiro. Uma dor de barriga incontrolável chegou quando viu seu ex-patrão-relâmpago.

– Então, meu senhor, não tenho muito mais tempo. Daqui a pouco vai sair na imprensa que a MUNDO comprou a SPTEL e quero que seus gerentes já saibam o que vai acontecer. Quero fazer a incorporação o mais rápido possível, no mesmo tempo que fizemos com a Promoção.

Nelson-Pai ouve aquele jovem executivo atentamente e lembra quando conversou com o filho sobre a compra da Promoção pela MUNDO. Nelson-Pai achou aquilo um absurdo, uma pouca-vergonha, "as empresas precisam da genética para continuar!", disse o homem – apesar de ele achar a genética de Nelsinho bem ruim.

– Você quer dizer que meu filho vendeu a SPTEL para a MUNDO?
– Sim, como o senhor já sabe – respondeu Wagner, olhando seu BlackBerry.
– Não sei de nada.
– Escute aqui, o senhor pode estar velho, gagá, lerdo, mas burro sei que não é. Vamos ser pragmáticos, meu senhor! Não tenho tempo de sobra para perder – Wagner não consegue terminar seu discurso de todo-poderoso-eu-sei-que-sou. Ele é interrompido pelo velho dono da SPTEL.
– Cale a sua boca, moleque *CRETINO*! Moleque *RETARDADO*! Você vai falar assim com as putas que você paga e que fingem que gostam do seu pau. Não me irrite. Pois bem, aquele filho da puta do Nelsinho me passou a perna? – Nelson-Pai ri. – Fique sabendo que acabei de abrir uma fundação e passei ontem mesmo todos os meus bens para ela. Uma forma inteligente de gastar menos dinheiro com impostos, se é que você me entende. Ou seja, o negócio que você fechou com meu filho não vale. Além de tudo, toda a empresa é minha, apenas eu posso vendê-la.
– Não, meu caro. O senhor é dono de NADA da empresa. Cem por cento da SPTEL eram da sua esposa. Uma forma de burlar o imposto de renda, não é? E a mulher que dividiu a cama com o senhor por mais de quarenta anos assinou a venda de todo o seu patrimônio. Te digo mais... Assinou feliz. Pelo jeito, ela é que sempre fingiu gostar do seu pau. E, quanto a essa história de fundação, mesmo que o senhor tivesse aberto ela ontem, o negócio que fechei com seu filho foi finalizado no mês passado – explicou Wagner, num tom professoral.
– Mas...
– Bem, seu Nelson, acho que já perdi todo o tempo que podia com o senhor. Por favor, saia da sala e chame os funcionários. Aliás, todos os bens da empresa devem estar disponíveis hoje para nossos contadores tomarem posse.
– Todos os bens?
– Sim, todos. Sua família, também para fugir do imposto de renda, sempre comprou e vendeu tudo em nome da SPTEL, não é? Carros, apartamentos, fazendas... Tudo isso agora pertence à MUNDO.

Nelson-Pai percebe que de um segundo para o outro tudo o que tinha acabou, foi embora.

Wagner chama a recepcionista e a manda tirar de sua frente aquela estátua chamada Nelson-Pai. Em seguida, liga para o gerente de RH e o manda vir para a sala com a relação de funcionários da SPTEL. Ele passa a lista duas vezes e se frustra ao não encontrar o nome de Glória. Ele gostaria de demiti-la pela terceira vez. E, sim, claro, Wagner está excitado com toda aquela situação.

Maria José, ao ver Wagner, entendeu tudo o que estava acontecendo e tratou de pegar vários documentos da empresa e fugir para o Rio de Janeiro. Ela resolve que essa nova chantagem contra a MUNDO será sua aposentadoria, ganhará muito mais que os vinte mil que levara na troca dos papéis da "Promoção". Maria José pedirá dois milhões. Só que desta vez Wagner mandará a secretária à merda e não pagará nada.

IX

Nelson-Pai vai viver com o filho mais novo na casa de seu amigo sarado. Delson já não está ganhando tantas medalhas e seu treinador--técnico-de-braço-forte já está pensando em como acabar com aquela amizade. Ele quer Delson e Nelson-Pai fora de seu quarto-e-sala no Largo do Arouche. Nelson-Pai, pela primeira vez na vida, está orgulhoso de seu primogênito, Nelsinho. "Ele não era tão idiota como eu pensava, nem tão merdinha quanto o avô dizia ser."

Nelsinho encontrou a mãe no aeroporto e seguiu para a Suíça. Dois meses depois, já respondia pelo nome de Hebe. Seu avô estava certo: ele não queria o pau no meio das pernas. Hebe-Nelsinho emagreceu e vive com a mãe pela Europa. Nelson-Filha-Hebe não pensa em fazer teatro mambembe. "A estrada é muito perigosa para uma mulher sozinha", concluiu.

Hoje, a marca SPTEL desapareceu e seu nome está sendo trocado por "MUNDO" no acrílico vindo da Bélgica que está na recepção do SP Centrale. "Uanda" tem certeza de que a MUNDO vai ocupar todos os andares. A Rádio Peão garante que em breve a MUNDO de Descontos comprará a Internet Brazil, melhor empresa de tecnologia e Internet do país especializada em sites de comércio eletrônico e que ocupa o vigésimo andar do SP Centrale.

17º andar

Kilo Computers Inc.

Razão social: Kilo Computers Inc.
Ranking *Revista Money S/A***:** –
Faturamento: não divulgado em separado do resultado mundial
Número de funcionários: não divulgado em separado do resultado mundial
Tempo de vida: 21 anos
Missão da empresa: "The world must have a computer. The best one: KILO"
(*Em tradução/adaptação livre feita por "Uanda" em sua escola de inglês: "O mundo merece o melhor computador: Kilo".*)

Perguntas erradas, respostas certas

Ednaldo chegou atrasado naquela quarta-feira. Eram 8h, mas ele queria ter chegado pelo menos às 7h30. No entanto, ao ver sua mesa, percebeu que podia ter chegado às 10h. Seu computador ainda não tinha sido entregue e instalado pelo Help Desk. Era o segundo dia de Ednaldo no seu novo trabalho, como gerente de relacionamento com clientes de atacado – título grande para "vendedor" – da KILO, empresa representante de uma linha de computadores dinamarqueses no Brasil. Pois é, nem em uma empresa que vende computadores Ednaldo conseguia começar um trabalho novo já com tudo o que precisava. "Bem, pelo menos já tenho a mesa." O ramal ele dividia com sua colega da mesa ao lado – a estranha Amorzinho, apelido carinhoso dado pela área de marketing para a mal-humorada gerente de relacionamento com clientes de varejo.

Ednaldo coloca seu paletó na cadeira e liga para o Help Desk. Amorzinho só não reclamou de ele usar seu telefone porque ainda não tinha chegado ao escritório.

– Bom dia, aqui é o Ednaldo, eu sou o novo gerente de relacionamento com clientes de atacado da empresa, tudo bem? – perguntou, com tom de "simpático", afinal ele era novo ali.

– Tudo bem – respondeu Alexandre, que era responsável pelo Help Desk somente até as dez da manhã, e já não estava muito a fim de trabalhar mais naquele dia.

– Então, é que até agora não ligaram meu micro – Ednaldo continuava com a mania de formar frases com palavras dos anos 1990, apesar de ter apenas 40 anos. Micro = Microcomputador = Computador. – Eu preciso dele para começar a trabalhar. Sabe como é, hoje em dia todo mundo só trabalha online, não é? – completou o gerente de relacionamento com clientes de atacado com uma leve risada simpática, tentando conquistar Alexandre como cúmplice de seu problema.

– Qual seu nome e ramal?

– Ednaldo... E... É... Eu ainda não tenho ramal, mas pode ligar no da Amorzinho. Aliás, você já podia resolver os dois problemas para mim, não é? O micro e o ramal.

– Vou ver e já te respondo.

"Igual ontem", pensou Ednaldo. "E igual anteontem", completou seu pensamento. Ninguém resolvia nada. Apenas pediam o ramal e diziam que depois ligavam informando sobre seu computador. E, claro, não ligavam.

Duas horas depois, Ednaldo já tinha lido os dois jornais de economia assinados pela KILO e havia tentado, em vão, falar com o Help Desk. Ednaldo não sabia que, a partir das 9h, Alexandre não atendia mais seu telefone – lembra que Alexandre é Help Desk apenas até as 10h? Tudo para evitar que qualquer ligação atrasasse sua saída da empresa.

I

Às 10h, Ednaldo tenta novamente o ramal do Help Desk. Não estava mais simpático. Tanto que Amorzinho não se importou quando ele pediu para usar seu telefone.

– Quem fala? – Ednaldo perguntou, com um tom acima do normal.

– É a Mariluze.

– Escute, é o seguinte. Já faz dois dias que peço meu ramal e meu micro. Não é possível que demore tanto assim. Eu ligo pra vocês e nada acontece!

– Calma, moço! Eu não tenho culpa pela sua irritação. Você não falou comigo sobre isso.

– Falei, sim. Falei na segunda.

– Na segunda eu não trabalhei.

– Então foi na terça! Não interessa, eu preciso trabalhar! Ou você quer que eu peça para o presidente o micro e o ramal?

Nenhuma resposta.

– Alô? Tá me ouvindo?! – Ednaldo grita.

– Moço, eu não sou paga para ouvir gritos. Ou o senhor se acalma ou vou desligar.

– Isso é um absurdo! Não estou pedindo nada além de que você faça seu trabalho!

– Qual seu nome?

– Ednaldo!

– Um minuto... – depois de um tempo com o telefone na mesa, Mariluze volta ao *aparato*. – Olhe, não tenho nenhum pedido de equipamento em nome de Edivaldo.

– É EDNALDO! ED-NAL-DO! – disse, marcando cada sílaba.

Mariluze desliga o telefone. Ednaldo se levanta e segue bufando até o Help Desk.

II

Chegando à sala com a porta feita de balcão de repartição pública, Ednaldo não acredita no que vê: Mariluze e mais dois homens gordinhos rindo, conversando como se nada estivesse acontecendo, e alguns computadores em caixas fechadas. Um dos gordinhos, mesmo tendo pernas curtas, chega a ficar com os pés em cima da mesa.

– Escuta, que absurdo é esse? Eu precisando trabalhar e vocês aí de papo? – Ednaldo interrompe o festivo encontro dos Help *"Deskers"*.

– Como é? – diz o gordinho de pernas para o alto.

– É isso mesmo! Já cansei de ligar para cá e pedir meu micro e meu ramal!

– Você mandou o pedido por e-mail? – perguntou o gordinho, sem tirar as pernas de cima da cadeira e sem se alterar. Mariluze e o outro comparsa nem olharam para Ednaldo, foram para seus computadores e ligaram o Facebook para começar a Rádio Peão via mídia social. E Ednaldo seria a grande vítima da vez. Já estava tudo decidido. A vingança chegaria em breve. "Não brigue com o Help Desk", Mariluze pensou, com prazer.

– Como vou mandar e-mail se não tenho computador? – Ednaldo respondeu, alto e indignado. Sua vontade era enviar um e-mail para o Help Desk usando a cabeça do gordinho de perna curta como teclado.

– Olha, moço. Normas são normas. Enquanto não receber um e-mail da área de compras autorizando seu pedido, não posso fazer nada.

– Eu tenho que pedir para uma outra área pedir meu micro e meu ramal para vocês?!

– Sim.

– Mas isso é um absurdo! Cara, olha quantos computadores vocês têm aí no chão. Porra, o que custa colocar um na minha mesa para eu trabalhar? – Ednaldo respondeu, quase chorando. – E por que ninguém me disse isso antes?

– Ninguém te disse isso antes? – perguntou, irônico, o gordinho de pernas para o ar.
– NÃO!
– Mas você perguntou para alguém os procedimentos?
– Eu liguei para cá mais de cinco vezes, só hoje!
– Que absurdo, não é? – o gordinho disse, com cara de preocupado.
– Bem, agora, o senhor já sabe o que deve fazer. Eu vou averiguar o que aconteceu aqui. Peço desculpas pelo ocorrido – disse, com cinismo nada velado. – Mas, enquanto a área de compras não liberar seu pedido, não podemos fazer nada – o gordinho encerrou, como se trabalhasse para o governo e Ednaldo estivesse pedindo um empréstimo sem juros.

Não havia mais o que fazer. Ednaldo voltou para sua mesa e pediu a Amorzinho que emprestasse seu computador para mandar o e-mail para a área de compras. Ela não gostou muito da ideia, mas permitiu. Pensou que seria interessante o novo funcionário-colega dever alguns favores a ela.

Ednaldo saiu para fazer visitas a alguns clientes, já que não conseguia trabalhar no escritório. No dia seguinte, ele se arrependeria por não ter continuado na sua mesa, relendo pela terceira vez os dois jornais de economia assinados pela empresa.

III

Chegamos ao dia seguinte.
Ednaldo chegou ao escritório cheio de esperança – afinal, não ia se deixar derrotar por conta de um computador. Um simples computador.
Tudo ia melhorar, ele tinha certeza. As visitas no dia anterior tinham sido ótimas, a chuva aparecera depois de dez dias com sol forte (a Cantareira agradece) e ele conseguiu, finalmente, seu crachá com o RH – assim não precisaria mais passar pelo inferno de "Uanda" e sua recepção no SP Centrale para conseguir autorização para subir. Pensamento positivo, pensamento positivo, olhe o copo meio cheio, olhe o copo meio cheio.
Mas... E sempre existe um mas... Nada seria tão perfeito assim naquela manhã. Ao se aproximar da sua mesa, ele já podia ouvir a voz irritante de Amorzinho. "Olha só que surpresa!", disse ela.
Ednaldo não acreditava no que via. Seu computador havia sido

entregue para Amorzinho e não para ele. Sua mesa continuava sem computador e sem ramal.

– Mas, meu Deus do céu, o que está acontecendo? Por que meu computador está na sua mesa? – Ednaldo perguntou.

– O pessoal do Help Desk disse que, como seu pedido foi feito do meu e-mail, era eu que devia receber o computador novo.

– Mas eu é que preciso de computador! Eu não consigo trabalhar sem computador e sem telefone!

– Olha... Tem alguém do Help Desk que deve gostar muito de mim. E alguém que deve não gostar tanto assim de você. – Amorzinho riu.

Ednaldo não teve dúvidas. Voltou à sala do Help Desk e gritou. Muito, por sinal.

IV

– Onde está meu MICROOOO?!

– Olhe aqui, moço. Você ainda não tem centro de custos para alocarmos seu computador. Você deve pedir autorização para a área financeira antes de pedir qualquer coisa para nós – respondeu o gordinho, com os pés ainda em cima da mesa.

– Mas vocês deram um computador novo para a Amorzinho!

– Eu não devo satisfação para você. Por favor, volte aqui somente com seu centro de custos aberto e aprovado pela controladoria.

V

Ednaldo deu-se por vencido e foi até a contabilidade. Lá, teve que pedir autorização para a gerente financeira, que por sua vez quis a assinatura do diretor de suprimentos, que pediu que a área de endomarketing revisasse os processos de aprovação de equipamento junto com o gerente-geral de TI, que estava de férias. Mas, claro, como a empresa era muito fofa, eles iam, temporariamente, liberar o *micro* para seu novo *associado*, o Ednaldo. Em alguns dias tudo estaria resolvido, garantiu o *trainee* da área de suprimentos.

VI

Duas semanas depois, quando Ednaldo já tinha se acostumado a usar seu celular pessoal para resolver algumas vendas – custo pelo qual jamais seria reembolsado – e também havia conquistado a simpatia dos colegas para lhe emprestar o computador para imprimir coisas bobas, como a autorização de pedidos dos clientes da empresa, o herói desse drama recebeu um recado daquela estagiária de suprimentos: seu micro, finalmente, seria entregue. Mas ela avisou que eles resolveram alugar um antes de fechar a compra definitiva daquele equipamento. Ok. Ednaldo não questionava mais nada. Ele já estava entregue à realidade corporativa daquela empresa.

VII

Depois do almoço, uma surpresa na sua mesa. Claro que não era o computador. Era uma chave, junto com os documentos de um veículo. Sem entender nada, Ednaldo pediu ajuda a Amorzinho, que ficou irritada de inveja.

– Por que você ganha um carro da empresa e eu não?

Junto ao documento, havia um bilhete da estagiária do Help Desk pedindo desculpas pelo atraso na entrega do "equipamento". Ednaldo foi até a simpática mocinha estagiária e perguntou o que significava aquilo.

– Ora, seu *micro* – respondeu, achando que Ednaldo era um pouco lento das ideias.

– Meu micro? – Ednaldo estava com medo do que vinha a seguir.

– Sim, seu *micro*... Você disse que precisava de um *micro*. Foi difícil liberar, mas consegui um ótimo aluguel. Agora... – ela se aproxima, querendo ser cúmplice de Ednaldo – para que você precisa de um micro-ônibus?

– Micro... ônibus? – perguntou Ednaldo, incrédulo.

– Sim, consegui um de vinte lugares. Está bom para você?

– Micro-ônibus? – Ednaldo repetiu.

– Sim – respondeu, já meio irritada, a estagiária, que seguiu a orientação de sua *coach*, Mariluze. "Bem que a Mariluze disse que esse novo gerente de relacionamento com clientes de atacado é burro", pensou a estagiária, agradecendo por ter caído em uma área da empresa em que as pessoas realmente querem fazer carreira.

– Micro... Micro-ônibus...

Desta vez a estagiária nada respondeu, o que deu tempo para Ednaldo refletir por um segundo, e tudo mudar para ele.

– Sim, sim... Está ótimo. E, escuta, você pode manter o aluguel por seis meses? – falou Ednaldo, com semblante calmo, relaxado, praticamente feliz.

– Olha... Tá, vai, deixa comigo – disse a simpática estagiária da Mariluze, mostrando quão competente ela era.

Ednaldo desceu no elevador satisfeito. Tudo bem, ele ia trazer o *micro* pessoal dele. Mas estava sendo uma delícia imaginar quanto a empresa ia gastar com aquele elefante branco no estacionamento. "Foda-se!", riu Ednaldo. Pelo menos por seis meses ele ia rir bastante.

18º e 19º andares

BS Siderúrgica

Razão social: Brasil Siderurgia S/A
Posição no mercado: 5º lugar
Faturamento: US$ 2 bilhões
Número de funcionários: 5.000 "colaboradores BS"
Tempo de vida: 60 anos
Tempo de SP Centrale: 5 anos
Missão da empresa: EM CRIAÇÃO

Feedback

I

Todo mês de outubro é a mesma coisa na BS Siderurgia. Os "colaboradores BS", como o RH gosta de chamar os funcionários, correm de um lado para o outro para atingir as metas do ano. Além de se tornarem mais simpáticos uns com os outros. E isso não tem nada a ver com a proximidade do Papai Noel, nem existe aquela aura natalina antecipada, quando as pessoas abrem os vidros dos carros para dar uma moeda para aquele menino que passa o ano inteiro jogando bolinhas para o alto na frente do carro.

Não.

O que começa a nascer é o fenômeno "Feedback 360 graus". Para muitos, apenas um giro no mesmo lugar, mas, para os "colaboradores", um pesadelo. Nesse mês, o RH começa a separar os grupos de executivos que avaliarão uns aos outros. É gerente de marketing analisando o desempenho de coordenador financeiro, que por sua vez julga o diretor de engenharia, que avalia a recepcionista. Esse é o momento de realização coletiva de vinganças pessoais, ao mesmo tempo que todos têm medo do veredicto que também vão sofrer.

O diretor de RH, Dárcio Cotta, adora essa época do ano. Ele passa a ser uma das pessoas que mais recebem sorrisos na BS. Dárcio disfarça, mas muitas vezes chega a ter ereções quando percebe o medo nos olhos das pessoas. Ele repete e repete, sempre com um sorriso cínico: "Essa avaliação não vai interferir no crescimento de ninguém dentro da empresa". Nem ele se convence disso. Afinal, que colaborador conseguiria uma promoção se na avaliação 360 graus tirasse nota 2 – sendo o máximo 5?

E o jogo começou.

Nos cantos dos corredores, onde brotam máquinas de café e água, as pessoas se encontram para o início da troca de favores. Sempre em voz baixa, o gerente comercial e o assistente de contabilidade negociam uma boa avaliação, caso um caia com o outro. A supervisora de novos canais de vendas conta para Anita, a coordenadora de marketing, que ela a está avaliando. Anita, então, pede que receba nota 5, pois a avaliação da supervisora está na sua lista. A supervisora mentiu. Disse aquilo para Anita contar quem ela estava avaliando. Anita também mentiu, pois não dará 5 para a supervisora. Sua nota será 2. Elas se odeiam, na verdade.

Junqueira, o superintendente financeiro, combina com os outros dois gerentes comerciais um churrasco no seu sítio em Vinhedo. Vai ter muita picanha e cerveja gelada. Ele não vai entrar no assunto da avaliação, mas tem certeza de que ninguém que dá comida e bebida de graça ganha nota baixa. Junqueira está certo. Os dois gerentes vão achar o superintendente o cara mais bacana do mundo, e darão nota 5 para ele.

A diretoria também entra nessa selva. Otaviano, o diretor de engenharia, consegue jogar na Rádio Peão que ele tem a lista das pessoas que irão avaliá-lo. É mentira. Ninguém consegue ver quem vota em quem e qual nota fulano deu a sicrano. Mas Otaviano deixa seus eleitores com medo, afinal de contas, "ele é diretor", comenta a recepcionista do 18º andar com a recepcionista do 19º. Seus jurados entenderam o recado e o chefe tem garantida sua média 5 – que será a maior dos diretores.

Até a área de RH começa sua campanha de notas de avaliação. O gerente de RH libera a contratação do assistente do analista de vendas. Ele quer a simpatia do analista quando este abrir sua avaliação e der sua nota. Os estagiários da área financeira já foram escolhidos e a seleção da nova secretária jurídica terá apenas uma semana de testes contra o normal: dois meses. Moura, o gerente de RH, pensa que assim sua nota 4 já estará no papo.

O departamento de suprimentos deixa de lado as desavenças com a área institucional e dá ok em todos os pedidos de compras feitos por sua gerente, a Silvia. Ela avaliará toda a equipe de sete pessoas de suprimentos. Mas não adianta. Silvia se vingará de todos os lápis com o logo da empresa que queria fazer e que os sete anões não deixaram. A área de suprimentos terá a menor média, graças à nota 1 de Silvia. "Só dou 1 porque não tenho como colocar zero", a gerente contaria mais tarde para seu marido, em casa.

Dárcio Cotta continua com seus encontros com os executivos para reforçar que as notas não influenciam em promoções, nem no bônus que será pago no início do próximo ano. Os gerentes, definitivamente, não acreditam. Ainda nesse dia, o diretor de RH terá reunião com a caríssima consultoria RRS (lembra-se dela?), que está desenvolvendo todo o trabalho de "Feedback 360 graus" com os "colaboradores BS". Dárcio tem uma crise de ansiedade quando descobre que todo o sistema é realmente seguro e que ninguém poderá ver quem avaliou quem, nem qual a nota dada por alguém. "Apenas poderão ser conhecidas as notas finais por quem foi avaliado e pela diretoria", explicaria Soares, da RRS, com a voz bem baixa. E pior: depois de computadas, as notas não têm como ser mudadas. Além de ansioso, Dárcio fica angustiado com sua possível avaliação. Ele acaba entrando no comércio do Feedback, tentando encontrar seus avaliadores, para chegarem a um acordo em relação à sua nota. O diretor de RH não conseguirá mais ter uma ereção até esse processo acabar.

A Rádio Peão descobre a segurança do processo "Feedback 360 graus" e toda a BS fica sabendo que não tem como descobrir as notas e que as pessoas podem votar como quiserem. E a Rádio Peão também espalha que Dárcio Cotta é impotente.

II

Começa o período de avaliação. Cada colaborador recebe uma senha, que é a chave para entrar no sistema RRS. Nessa área criptografada, cada funcionário avalia outros dez em vários quesitos, no mínimo, estranhos. No entanto, o "Oscar" de pergunta mais absurda vai para "Seu colega coloca a empresa acima de sua vida pessoal?". De 1 a 5, sendo que as notas mais baixas devem ser atribuídas àqueles que dão mais importância ao aniversário da mãe que à reunião de estratégia às 21h na empresa.

III

Terminado o ano fiscal, a BS é só festa. Teve o maior lucro de toda a sua história, uma supervalorização de suas ações e, ainda, a melhor média de "colaboradores BS" de todos os seus 60 anos de vida: 4,2. Todos os funcionários terão bônus dobrado.

Apenas o diretor de RH está desconfortável com o processo de

"Feedback 360 graus". Ele foi chamado pelo conselho da empresa para expor os resultados dos "colaboradores".

Ao chegar à sala de reuniões, Dárcio se espanta com a presença da empresa de consultoria. "Quem chamou esses caras aqui?", pensa. Tentando aparentar calma e maturidade, o diretor de RH vai à frente do painel branco montado para sua apresentação e passa a despejar todos os gráficos de evolução das notas dos "colaboradores" e destaca que a média mais baixa foi da área de suprimentos, com nota 4. O que é ótimo.

Susi Croke, a temida presidente do conselho BS, pede a Dárcio que apresente os resultados da diretoria. Nitidamente desconfortável, ele conta que os diretores ficaram abaixo das médias dos gerentes, superintendentes e coordenadores, com 3,8.

Susi puxa de uma pasta de couro marrom o relatório entregue por Soares, da RRS Consultoria, e começa a ler as notas dos diretores. Um por um. Calmamente. "Otaviano está com 5, o diretor de marketing tem 4, o de logística ficou com 4,3 e o diretor jurídico, 4,7."

Susi encara Dárcio, que fica em silêncio. Assim como todos os outros presentes.

A *chairman* – ou *chairwoman* – pede a Dárcio que lembre o porquê de eles terem desenvolvido, naquele ano, o sistema de avaliação 360 graus com a RRS.

– Desse modo, poderíamos detectar com maior precisão onde estavam os problemas da empresa – garante o diretor de RH.

– Problemas, Dárcio... Você quer dizer... funcionários – define Susi.

– Colaboradores BS – diz Dárcio, tentando retomar a pose.

Os cinco conselheiros e as três pessoas da RRS são apenas espectadores do embate entre os dois.

– Isso, Dárcio, co-la-bo-ra-do-res – Susi degusta cada sílaba.

– Sim, com o "Feedback 360 graus", podemos agir diretamente sobre o problema do dia a dia da BS, entendendo onde estão os funcionários com médias inferiores àquelas que a empresa precisa para crescer.

– Dárcio, eu sei o que é o "Feedback 360 graus". Fazemos isso há cinco anos. O que quero que relembre é por que VOCÊ trouxe a RRS para desenvolver o Feedback este ano.

– Para... É... Pois... – Dárcio se recompõe. – Assim teríamos o aval de uma consultoria distante da empresa para quando começássemos a mudar os colaboradores que não atingissem o desempenho desejado.

– Dárcio, obrigada pela resposta cheia de floreios. O que você quis dizer, para que todos que estão nesta sala entendam, é que, seguindo a SUA orientação, a BS contratou uma consultoria idônea, uma consultoria sem nenhuma ligação com a empresa, para que pudéssemos fazer, de forma justa, uma avaliação dos funcionários da BS. E que, em posse dessas avaliações, poderíamos cortar funcionários que não estivessem trabalhando como queremos. É isso?

– Sim... Essa não é a melhor forma de explicar, na visão de RH, mas, sim, é isso.

– Certo. E, se não estou enganada, Dárcio, e a RRS está aqui para ser nossa memória se precisarmos, nós tínhamos estabelecido uma nota de corte para definir os funcionários que seriam desligados da BS, correto?

– Sim – é a última palavra de Dárcio.

– E você lembra a nota de corte?

Dárcio não responde. Ele está impotente em todos os músculos do corpo, até a língua. Susi foca seus lindos olhos azuis no diretor, enterrando-os em sua autoestima.

– RRS... Vocês podem dizer a nota que acordamos? – Susi pergunta, virando-se para os consultores ali presentes.

– Acertamos que cortaríamos os funcionários com nota abaixo de 3, desta vez. No próximo ano, seriam os funcionários com nota de 4 para baixo – responde Soares. Responde tão baixo que todos da sala tiveram que se curvar para ouvi-lo.

– E... Dárcio.... Qual foi mesmo a sua nota? – Susi pergunta, virando-se para ele.

Dárcio mantém o silêncio.

– RRS, qual foi a nota do Dárcio? – a presidente do conselho pergunta, olhando fixamente para o diretor, como se quisesse estender aquela humilhação até o dia seguinte.

– 2,8 – sentencia o consultor.

– Então – diz Susi –, seguindo as normas sugeridas pelo nosso diretor de RH, o Dárcio, vamos cortar os funcionários com nota abaixo de 3. Ou melhor, O funcionário, porque apenas UM funcionário ficou com nota abaixo do esperado. Dárcio, você pode arrumar suas coisas e passar no RH. – Nesse momento, várias risadas são ouvidas na sala. Susi não consegue evitar a piada.

Dárcio fica parado, com um meio-sorriso no rosto, achando que aquilo era uma brincadeira, um puxão de orelha.

– Dárcio, você vai ficar aí parado? – pergunta Susi.

– Você só pode estar brincando... – Dárcio olha para as pessoas e para Susi. Ele hesita. – Não... Não... Não está?

Agora é a vez de Dárcio ficar sem resposta. Ele mexe um braço, as pernas estão duras. Incapazes de se mover. Todos estão em silêncio, aguardando o ex-diretor da BS sair da sala. Dárcio se movimenta devagar. Ele está visivelmente abatido. Sai sem falar mais, sem cruzar o olhar com ninguém. O agora *ex*-executivo BS abre a porta e vai para o corredor. Um dos consultores da RRS se levanta e fecha a porta. Susi quebra o silêncio.

– Bem, apenas para encerrarmos essa história... Foi realmente interessante o modo como fizemos o "Feedback 360 graus" neste ano. Todos estão de acordo que será assim no próximo ano?

Todos os conselheiros fazem SIM com a cabeça. A RRS está realizada: conseguiu fechar mais um contrato com a BS. A reunião continua.

IV

Dárcio Cotta volta para sua mesa, arruma suas coisas numa pasta, apaga os arquivos do computador. Desliga o monitor, deixa seu crachá em cima da mesa e se dirige ao elevador do décimo nono andar do SP Centrale. Seria a última vez que Dárcio veria aquele *hall*. Ele estava triste. Que pena...

20º andar

Internet Brazil

Razão social: IB Internet Brazil Mkt Online Pontocom Ltda.

Posição no Mercado: 1º lugar

Faturamento: US$ 250 milhões

Número de funcionários: 137 "internautas IB", "associados" etc.

Tempo de vida: 10 anos

Tempo de SP Centrale: 3 anos

Missão da empresa: "Transformar tecnologia em inteligência prática para nossas marcas"

Primeiro e último

I

Aquele primeiro de março seria um dia especial para dois Gutos diferentes na importante Internet Brazil, a maior especialista em plataforma de comércio eletrônico do país. Em tempo: por que a empresa se chama Brasil com "z", ninguém sabe. Afinal de contas, a Internet Brazil, também conhecida por IB, só atende o mercado brasileiro e não tem nenhuma perspectiva de trabalhar fora das fronteiras do país. Mais um mistério do mundo dos negócios.

II

No vigésimo andar do SP Centrale, o primeiro Guto estava esfuziante. Era seu primeiro dia de trabalho, tinha apenas 19 anos e havia conseguido o tão sonhado estágio remunerado – 900 reais por mês, com vale-refeição de 17 reais por dia, sem direito a férias remuneradas nem participação no bônus anual da empresa. Ele, agora, fazia parte do mundo dos negócios; entrava para as estatísticas do IBGE dos novos empregos do Brasil; estava dentro das taxas de crescimento verde-amarelo; além de estrear seu currículo. Nada garantia estabilidade nesse estágio, mas Guto, que trazia a ingenuidade dos 19 anos, ainda acreditava no RH quando este dizia: "Queremos que você cresça com a empresa!". Guto queria crescer. Muito. E estava realizado por ser apresentado para toda a empresa como "O Guto – estagiário da área de marketing corporativo", mesmo que a *hostess* fosse a não muito simpática assistente de marketing – que via no estagiário uma ameaça ao seu emprego. Esse nosso primeiro Guto adorava seu novo sobrenome: "Guto Assistente da Área de Marketing Corporativo".

III

O segundo Guto desta história já tinha, havia muito tempo, adquirido nome próprio: Guto Corsaro. Ele era dono de um currículo que sempre causava alvoroço e inveja nos outros profissionais do mercado. Corsaro chegou ao imponente cargo de superintendente de marketing da Internet Brazil e despachava diretamente com seu diretor e com o presidente da IB. Para 99% dos executivos, esse é um sonho: ter contato direto com o presidente da empresa onde trabalha. Para Guto Corsaro isso era uma bobagem; achava tudo uma chatice. Ele não ia aos eventos da empresa, e, quando aparecia, não ficava mais de vinte minutos contados no relógio. Chegava todos os dias às 9h30, depois da academia, e ia embora, pontualmente, às 17h45 – já que detestava o trânsito de São Paulo e, saindo nesse horário, conseguia estar em casa em, no máximo, quinze minutos. Se saísse às 18h só entraria no seu moderníssimo *loft* com vista para toda a cidade depois de uma hora. Guto ia na contramão do estilo *workaholic* Internet Brazil de ser. Ele sempre dizia: "Quem trabalha mais de oito horas por dia é porque é lento". E era esse jeito corporativo-rebelde que dava charme ao jovem executivo de apenas 34 anos.

O estilo pragmático de Guto o fez subir rápido pelas empresas em que passou. E já seria presidente se tivesse falado menos "não" para todos os convites tediosos dos incontáveis "Encontros de Líderes e Gestão de Pessoas" que sempre aconteciam aos domingos. "Como seria melhor para as empresas se as pessoas fingissem menos adorar esse tipo de encontro-integração-catalisador-de-talentos", pensava. Guto se negava a fazer de conta que gostava de passar seus domingos com os "associados Internet Brazil". Ele não ia a essas reuniões e também não perdia tempo rindo depois das fofocas que rolavam nos corredores.

IV

Nesse primeiro de março, depois de receber seu bônus anual com zeros que não cabem numa célula de Excel e ser colocado entre os quatro melhores profissionais da empresa, Guto Corsaro tinha uma surpresa nada agradável para a Internet Brazil.

O Guto estagiário não sabia, mas aquele primeiro dia de trabalho marcaria para sempre sua carreira, e não por estar tudo começando na sua vida profissional, mas sim por ter participado do último dia de trabalho daquele que seria a maior lenda viva da Internet Brazil. E essa lenda tinha nome e sobrenome: Guto Corsaro.

Os dois Gutos se cruzaram enquanto Celeste, a assistente de marketing, apresentava o recém-contratado estagiário pelas várias áreas da empresa. Celeste e Guto estagiário estavam numa baia oposta ao corredor por onde Guto Corsaro andava, sempre com um meio-sorriso no rosto. De uma distância de menos de cinco metros, Celeste apontou o superintendente para o estagiário e disse:

– Aquele é o Guto Corsaro, nosso chefe.
– Nossa, a gente é xará! – respondeu, feliz, o estagiário.
– É, mas xará só no nome, porque ele deve ganhar umas duzentas vezes mais que você – Celeste riu, com certo prazer em dar sua primeira alfinetada no garoto de 19 anos, a quem ela iria ensinar tudo para depois ele tirá-la da empresa.

V

Por conta da decoração absurda do último andar do SP Centrale, que as empresas ditas "modernas" adotaram, era possível ver e ouvir tudo o que as pessoas falavam. Pequenas ilhas iguais de quatro lugares agrupados sem paredes tomavam toda a IB. Privacidade era uma palavra que não existia para os brilhantes arquitetos que descobriram o Novo Mundo ao trazer o conceito de redação de jornal para o universo corporativo. Aquela ideia de espaço aberto foi de tal modo absorvida pelas empresas de Internet que até as salas de reuniões eram de vidro, completamente devassadas. As pessoas que trabalhavam viradas para essas salas acabaram desenvolvendo o dom da leitura labial. Ou seja, assim que acabava uma reunião importante, a Rádio Peão já estava a toda, com os detalhes das falas dos participantes que estavam na sala. E foi isso que aconteceu em seguida à reunião entre Guto Corsaro e seu diretor, Gerônimo Girella, um executivo gente boa. E só gente boa. Girella é do tipo insuportável, que diz sim pra tudo que lhe pedem, meio bonachão, e vítima da passada de mão na bunda de todos os meninos do colégio quando tinha 10 anos.

O retrato da reunião pela sala de vidro já era, no mínimo, estranho. Corsaro, que também era avesso ao uniforme do executivo moderno – terno Armani ou calça jeans, camisa branca, mocassim marrom sem meia

(QUE HORROR!!) e blazer de linho –, estava impecável na sua calça Diesel cintura baixa, camisa Calvin Klein preta com mangas dobradas, relógio DKNY e sapatos Prada. Não era à toa que ele sempre ganhava o troféu "Mais Bacana do Ano" da Rádio Peão. Sentado à sua frente estava o diretor com quem Guto trabalhava fazia algum tempo. Girella mais parecia um provolone amarrado naquele terno "cinco vezes G" cinza-escuro – porque, claro, cor escura emagrece. Guto só conseguia ver que lá estava seu chefe, um homem pelo qual já tivera alguma admiração, mas hoje, especialmente nesse primeiro de março, sentia pena, muita pena daquele ser.

Sentados frente a frente, Girella começou a ser o mesmo que Guto já conhecia bem. Falava, falava, falava. Principalmente em reuniões como aquela, cuja pauta desconhecia. Começou contando como os diretores haviam elogiado a atuação do superintendente, que Guto havia recebido um dos maiores bônus da companhia, que só não era colocado como *benchmark* por causa dos horários (nesse momento, ele tentou fazer uma piada que fez Guto mexer um pouco a boca, num breve sorriso), que isso, que aquilo, que o futuro... E foi aí que Guto calou o diretor.

– Girella, para! Não há futuro pra mim aqui na empresa. Eu estou fora. É isso que vim falar pra você.

Como se tivesse levado um soco em seu grande estômago, o diretor demorou a compreender o que Guto falava. Mas a Rádio Peão já tinha entendido muito bem pela leitura labial. Telefonemas e mensagens por WhatsApp começaram a invadir a Internet Brazil, como um tsunâmi. "Guto Corsaro pede demissão" era o início da notícia. E o complemento ficava a cargo de cada fofoqueiro/fofoqueira de plantão. Uns diziam que já sabiam, que Guto estava indo para a concorrência, ou que tinha sido contratado para trabalhar na Diesel. Outros juraram que ele ia virar ator. Ninguém acertou.

– Como assim, está fora? Não, não... você não entendeu. Eu quero muito em breve fazer da sua superintendência a diretoria de marketing, Guto – falava Girella, suando o equivalente a uma fonte do Parque Ibirapuera.

– Girella, não. Sendo rápido e direto, eu não estou mais na sua equipe. Já não venho a partir de amanhã.

– Não, calma, não pode ser desse modo. O que você quer? Um aumento de salário? Seu bônus já é o maior dos gerentes e superintendentes.

— Não quero aumento de salário. E, Girella, se meu bônus é o maior é porque sou o que mais traz lucro para a empresa. Meu bônus não é um favor. Aliás, se eu não fosse bom, vocês teriam me jogado na rua antes do pagamento do salário deste mês – rebateu Guto, assertivo.

— Mas espera... Sair assim? Você tem tudo pra ser o futuro presidente da empresa.

Nesse momento, Guto riu. Riu e riu de verdade. *Presidente?!*

— Girella, não sou estagiário. Não acredito nesses discursos de RH. Não levo mais essas coisas a sério, nem quero ser presidente de nada.

— Você está indo para onde? – questionou Girella, suando agora nas mãos e nas axilas, formando um rodela embaixo dos braços, marcando o blazer.

— Para casa.

— Como assim?

— Vou me aposentar.

— Mas você tem apenas 30 anos!

— 34 – Guto passou a responder rápido, com expressão de saco cheio.

— Você é muito moço!

— Eu sei, por isso mesmo. Quero me aposentar jovem, para aproveitar ainda mais minha vida.

— Nossa, tão cedo – falou Girella, como se conversasse consigo mesmo. – Você ainda pode conquistar muita coisa, crescer...

— Como você?

— Sim.

— Não, obrigado. Não quero crescer como você... para os lados. Não quero ser um cara que nunca vê a filha, que vive em crise no casamento, que não viu a mãe no hospital antes de morrer e que veio trabalhar no dia seguinte ao enterro. Não quero ter dinheiro e nunca poder viajar. Não quero não ter férias. Não quero fazer de conta que sou feliz.

Girella se espanta. Talvez ele nunca tivesse se olhado no espelho.

— Não quero ser você, Girella – Guto continuou. – Desculpe. Sinceramente, nem você deveria querer ser você.

Guto sorriu.

— Bem, Girella... finalizando nossa conversa. Durante todo o ano passado, trabalhei a minha substituta, a Cibele. Ela está pronta pra tomar o meu lugar. Trabalhamos juntos já faz três anos e ela ainda acredita nisto daqui.

– Peraí... Você não pode simplesmente ir embora! – Girella fala mais alto, tentando mostrar que ainda é diretor de Guto.

– Posso.

– Não pode – Girella respondeu, nervoso. – Não pode.

– Girella... Você já leu nossos contratos de trabalho?

– Não... Eu...

– Pois é... Ele é bem claro. O contrato diz que eu não sou da Internet Brazil e que não há nenhum vínculo entre mim e a empresa. Aliás, vocês poderiam simplesmente barrar meu crachá, sem pagar nada, se um dia a Internet Brazil quisesse me desligar.

– Não, não, nós jamais faríamos isso com você, Guto.

– É, comigo não... Mas vocês já fizeram isso com muitos profissionais. Já humilharam gente demais. E sempre com o consentimento de toda a diretoria. Inclusive o seu, Girella.

O diretor abaixa a cabeça. Guto olha para Girella e, com a voz mais firme, continua, irônico:

– E o que estou fazendo agora é apenas dar à empresa um pouco do gosto amargo que muita gente sente quando a poderosa Internet Brazil quer mandar alguém embora.

– Você não pode dar as costas pra empresa – o diretor fala, tentando ser mais firme que Guto.

– Posso.

– Isso seria uma falta de...

– Ética? Não, não. Ética é uma palavra que o mundo corporativo não conhece nem entende. Ética, meu caro, é estar de acordo com as suas convicções, sem com isso maltratar ou julgar uma pessoa como menor. E eu... Eu estou sendo ético comigo mesmo – Guto se levanta e dá a tacada final. – Bem, é isso. A Cibele está pronta pra continuar meu trabalho. Eu, se fosse você, não bobeava. Chama ela aqui, passa suas novas funções e avisa a empresa. Eu sei que nossa principal concorrente está de olho na Cibele. Depois vai ser mais complicado se vocês perderem mais um executivo.

– Guto, não, calma, me dá pelo menos uma semana.

– Não.

– Por que você está tão bravo com a empresa?

– Não estou bravo com nada... Só não vou dar nem um minuto mais para a Internet Brazil. Vocês já me usaram bastante e eu já consegui todo o dinheiro que queria daqui.

Guto dá um passo pra trás, colocando a mão no puxador com formato de arroba da porta de vidro. "Coisa cafona", define.

– Girella, é isso. Um dia você se aposenta e aí vai me entender.

Guto sai da sala como se estivesse pesando dez quilos a menos. Girella fica na sala, com os dez quilos a mais que Guto perdeu.

VI

Entre a sala de reunião e a mesa de Guto não eram mais de vinte metros, e da mesa até o elevador eram outros quinze. Guto calculou que em dez minutos estaria na rua. Ele iria a pé pra casa naquele dia. Pensando em toda a sua nova agenda, Guto não percebeu que duas pessoas caminhavam de encontro a ele no corredor. Era Girella, que dera a volta correndo e estava ainda mais suado e ofegante, junto com o diretor de RH, Pedro Malta, que Guto havia batizado de *Pedro Mala*. Guto simplesmente detestava aquele diretor brega que adorava usar gravatas "engraçadas" de bichinhos e ternos *terracota*, com jeito malandro de falar e pele cheia de espinhas.

Pedro *Mala* era o típico diretor de RH que tem muito discurso e pouca ação. Era quem mais dizia que os "associados" faziam parte da empresa, mas era quem negava qualquer gasto com os funcionários. Detestava aumentar vale-refeição. Quando um funcionário não ia bem na Internet Brazil, era o primeiro a vetar que fosse mandado embora. Pedro sempre foi a favor da política do terror – fazer da vida do funcionário um inferno tamanho até que pedisse demissão. "Ele que peça pra ir embora", repetia sempre Pedro Malta. Tudo isso para não pagar os 40% do fundo de garantia. Foi dele também a ideia de fazer contrato de serviço com os executivos de alto cargo, economizando para a empresa milhões com impostos e deixando gerentes e diretores sempre de sobreaviso: poderiam ser cortados a qualquer momento, sem nenhum direito. "Um dia o *Mala* sofre as consequências de seu próprio contrato", antevia a Rádio Peão.

— Guto, o Girella contou por alto o que vocês conversaram. Podemos falar numa sala de reunião? – pediu Pedro. Uma ordem, praticamente.

— Girella, além de *gorda*, agora você é *ridícula* também? – Guto falou, olhando para seu ex-diretor, divertindo-se ao usar os adjetivos na versão feminina. – Não tenho tempo, Pedro. Podemos falar aqui mesmo, no corredor.

— Precisamos conversar – repetiu Pedro, mais firme. Sua irritação era visível e Guto estava curtindo ver os óculos cada vez mais tortos e a cara vermelha do velho *Mala*.

— É mesmo? – perguntou Guto, irônico, pegando o crachá.

— Sim, isso não é postura de um executivo.

— Jura? – desdenhou ainda mais Guto.

— Sim.

— Que bom! Já estou deixando de ser um mesmo – Guto ri.

— Esse seu comportamento pode fechar portas pra você no futuro – sentenciou Pedro.

— Promete? – retrucou Guto, com total desdém.

— O que está acontecendo com você?

— Caro senhor *Mala*, já que você está pedindo, eu te respondo. Primeiro, não gosto de você nem dessas suas roupas erradas. Segundo, caguei pras tuas ameaças. Você não sabe que não apita porra nenhuma em lugar algum. E terceiro: vá à merda!

— Pelo jeito, você não gosta de dinheiro – Pedro devolve, fingindo não ter ouvido tudo o que Guto havia dito, especialmente quando chamado de "Mala".

— Tanto gosto, meu caro, que sempre ganhei bastante e sempre apliquei direito. Pense em quanto você quer ganhar na vida. Pensou? Então... Imagine que eu já tenho isso hoje, antes dos quarenta. Está com inveja?

Pedro *Mala* está, literalmente, de boca aberta.

— Mas o pior é que você não conseguiria parar de trabalhar, né, seu *Mala*? Não conseguiria, porque as únicas coisas que você tem nessa sua vida de merda são este emprego e esse teu mau gosto pra escolher gravatas! – sentenciou Guto, bem alto, para não deixar dúvidas à Rádio Peão na hora de passar para a frente a fofoca da briga com o poderoso RH do Internet Brazil.

– Eu...

– Cala a boca! – gritou Guto. – Não enche meu saco. Aqui, pega o meu crachá. E acredite: eu nunca tive medo de você.

No escritório de mil metros quadrados ninguém falava. Nem os telefones tocavam. Eles também queriam ver até onde ia a disputa. Todos os associados IB tiveram a mesma vontade: a de aplaudir Guto. Mas o medo da demissão impediu. Guto Corsaro saiu do SP Centrale com um sorriso imenso no rosto, enquanto Pedro Malta segurava seu crachá e Girella suava a ponto de pingos de água enormes caírem da sua mão no chão.

Todos os "associados", "colaboradores", "amigos", "companheiros", "internautas" sentiram um pouco do sabor de vingança através das palavras de Guto. Apenas uma pessoa no andar não conseguia entender o que estava acontecendo: o Guto estagiário. Mal sabia ele que, em pouquíssimo tempo, lembraria dessa cena, sempre se imaginando no lugar de Guto Corsaro. O jovem de 19 anos não podia prever como Guto Corsaro viveria com ele, por muitos e muitos anos.

VII

No dia seguinte, uma carta profissional-emotiva do presidente, escrita por Pedro Malta, chegou ao e-mail de todos os funcionários e foi colocada no mural dos "Companheiros Internet Brazil":

Caros associados,

Foi com muita perplexidade que recebi a notícia de que um dos principais executivos da empresa, da nossa empresa, saiu da Internet Brazil de forma emocional e nada profissional, inclusive, usando de violência verbal contra dois de nossos diretores.

Sem me alongar – por isso não vou dar nomes aqui –, gostaria de ressaltar a importância do nosso compromisso com a história da Internet Brazil, não só nosso, da diretoria, mas de todos nós que vestimos a camisa da empresa. Somos uma companhia justa, que sempre coloca seus funcionários como um dos seus principais alicerces. Temos em nosso corpo de Associados um time vencedor, que conquista seu espaço e consegue sempre crescer junto com a IB.

Por isso, não entendemos e repudiamos o tipo de atitude que todos vocês foram obrigados a testemunhar ontem. Quero que cada Colaborador Internet Brazil saiba que compartilho da tristeza que foram obrigados a sentir ontem, mas que conseguiremos, JUNTOS, passar por cima dessa cicatriz em nossa empresa.

Vamos continuar em nosso caminho de sucesso. Eu, mais a diretoria e mais cada um de vocês. Vale lembrar que, como em um time de futebol, todos os gols são comemorados e todas as derrotas são sentidas da mesma maneira. Afinal, somos um só corpo, um só coração.

Obrigado,

Carlos Rafael Hod
CEO Internet Brazil

Claro que todos os associados-funcionários da Internet Brazil entenderam bem o texto do presidente. A tradução seria mais ou menos assim:

Pessoal,

É o seguinte. Tô PUTO. Viadagem tem limites, e o que aconteceu ontem foi um absurdo. Não vou nem falar o nome daquele filho da puta pra não ficar mais irritado. Ele não podia falar com o Girella nem com Pedro Malta daquele jeito – mesmo esses dois sendo uns bostas que não servem pra nada.

Não vou perder ainda mais tempo fazendo uma carta enorme pra vocês. É bom todo mundo ficar esperto e dar graças a Deus, ao Diabo ou a quem quiser por ter este emprego. Conseguir um tá difícil por aí. Vamos trabalhar numa boa e não achar que está com a vida ganha, porque não está. Aqui tem lugar pra todo mundo crescer. Desde que EU ache que valha a pena. E pra ser um desses tem que continuar a puxar muito meu saco e virar noite trabalhando, entendeu?

O próximo funcionário que tentar pensar em fazer uma ceninha tipo a que o Guto Corsaro fez vai se foder legal. Meto advogado em cima e consigo que pague indenização pra empresa. Já disse que estou PUTO e repito. Vale a pena relembrar vocês disso.

E, pra finalizar, a empresa vai continuar ganhando dinheiro pra cacete. É bom fazerem a parte de vocês para esta porra vender e lucrar muito. Quem não trabalhar direito vai arcar com as consequências. Faço pedir demissão pra não conseguir nem seguro-desemprego. E pau no cu de vocês.

Vamos "se ligar" e ficar pianinho!

Carlos Rafael Hod
Presidente desta Porra

Alguns executivos e novos prédios depois...

Algo que já virou comum no mundo corporativo é a mudança constante dos endereços comerciais mais *bacanas* da cidade. Em São Paulo, até a década de 1970, o Centro antigo era onde as empresas disputavam a tapa seus escritórios. A partir de 1980, o sonho de todo empresário era abrir sua sede em um dos arranha-céus da avenida Paulista, ou até mesmo construir seu prédio próprio. Depois, junto com o Plano Collor, nasceu a Berrini; algum tempo depois, o Itaim e a Vila Olímpia prometiam ser a nova onda dos escritórios modernos, até o retorno da avenida Brigadeiro Faria Lima como dona dos melhores e mais sofisticados edifícios Triple A – aqueles prédios cheios de coisas, como o SP Centrale.

Hoje, muitos bairros brigam pelo cliente que pode alugar um endereço AAA. Afinal, toda construtora quer ter na gaveta contratos a longo prazo de aluguéis corporativos – uma Mega Sena de ano-novo por mês. Quem não gostaria de ser dono de uma laje corporativa pra chamar de sua? Eu adoraria ter um SP Centrale inteiro.

Por isso, agora, todo lugar é lugar para existir um prédio comercial de nível pesado na não mais terra da garoa, a velha Sampa. Mas... enquanto os outros prédios disputam um novo inquilino no tapa, o SP Centrale assiste a tudo de cima de seus mármores e vidros, ficando apenas cada vez mais importante, continuando firme e forte com seus andares repletos de grandes empresas e com fila de *firmas* querendo alugar um cantinho ali para morar.

E, como nada fica parado, a não ser o SP Centrale, muita coisa aconteceu com nossas estrelas corporativas.

- "Uanda" ainda está no SP Centrale. Ela não quer mais falar sobre o décimo terceiro andar e já enviou seu currículo para vários edifícios da região da Paulista, na esperança de trabalhar perto do metrô e reduzir sua viagem para casa de três para duas horas e meia.

- A campanha que a ALÉM+ criou para a MUNDO ficou interessante, mas não permaneceu na memória de ninguém mais que seu tempo de um minuto de exibição. O *brainstorm* não deu nenhuma nota sobre o comercial. Isadora não se deu por vencida e continua atrás da nova fórmula da publicidade brasileira. Roberta passou a conta da Promoção também para a ALÉM+, sem saber que com isso tirou, mais uma vez, o trabalho de Heloisa. Lembra que a conta da Promoção era da RealMore, que convidou a gengivuda para ser a chefe de conta da concorrente da MUNDO? Pois é.. Heloisa não chegou a ficar meio dia no novo emprego. Cassia, em compensação, está ótima no novo cargo. Isadora está feliz porque sua principal cliente, a Roberta, A-DO-RA o trabalho que sua diretora de criação faz. Coisas do amor...

- Sócrates acabou ficando pouco tempo na VoZ VivA, já que recebeu um convite irrecusável da Santos Bebidas. Ele será o primeiro funcionário da cervejaria contratado sem ser *trainee*. Sr. Santos gostou da ideia do *Cavalinho-Denorex* e quer colocá-lo, junto com os chapéus de burro, em sua *Maleta*. Aliás, Sr. Santos continua igual. Como diz a Rádio Peão, ou ele tem trato com o capeta ou dorme no formol. Apenas seus pelos estão mais compridos. Jô Soares o convidou para uma entrevista em seu programa sobre seu sucesso na Internet. A resposta do dono da cerveja Santos foi "NÔ PÔDÊ!". E assunto encerrado. Aproveitando: a VoZ VivA mudou para a Chácara Santo Antônio e a Santos Bebidas voltou para seu antigo endereço, no largo do Cambuci. Seus dois andares ainda não foram alugados.

- Manoela, da ALÉM+, pagou todos os seus pecados na viagem com Eliana, da BelaBeauty. Os quarenta e cinco dias fizeram Manoela repensar a vida e ela assumiu seu lado artesã tardia. Tanto que "Manu" nem voltou do Nordeste – no quadragésimo quinto dia de viagem, Manoela tomou um banho de mar em Fortaleza e teve uma "luz". Eliana garante que foi seu "astral" que iluminou Manoela na nova empreitada da vida: vender bijuteria feita de tampinha de refrigerante. Manoela garante que está mais feliz vendendo dois brincos por semana naquelas bases de madeira com feltro – o dela é azul-celeste (olha a marqueteira aí) – que trabalhando no mundo corporativo. Eliana fez nova plástica, aumentando a boca e paralisando totalmente o rosto – na primeira semana foi complicado dormir de olhos abertos, mas agora já se acostumou. Ela está a cara do Pato Donald (do Pato Donald, mesmo, e não da Margarida) e garante que ninguém lhe dá mais de 32 anos. Aham. O cabelo tá bem amarelo, com muito *babyliss*, que esconde um pouco o nariz malfeito num "procedimento estético" que a deixou com um leve chiado quando respira. Mas só quando respira. Eliana continua na BelaBeauty&Cia.

- O GoldenBank vai bem, obrigado, e não pensa em mudar do SP Centrale. Eduarda está incrível. Abriu seu próprio negócio no ramo de decoração e não pensa em contratar nem CONSULTORIA, muito menos GERENTE, COORDENADOR ou *TRAINEE*.

- Guilherme Trevoli continua o mesmo empresário de sempre, chegando cedo e saindo tarde – tudo para não ter que conviver com sua esposa e seu pequeno herdeiro. Exatamente pela ausência do marido, Áurea praticamente está com uma sala para ela na Grama Verde – ela quer ficar de olho em tudo, especialmente na vaca daquela secretária do Guilherme, a Kátia. Áurea não entende como alguém tão incompetente consegue manter o emprego, e, por isso, tem certeza de que o marido se diverte com Kátia –

para Áurea, o problema não é o sexo, inclusive ela até incentiva a traição, em pensamento (assim não precisa "cumprir com suas obrigações" em casa); o problema seria se Guilherme estivesse dando joias para a secretária. Aí o bicho vai pegar – estamos de olho. Éder Amilson, o bocozinho do pequeno herdeiro, continua gastando dinheiro dos acionistas em suas brincadeiras caras. Já foram contabilizados 29 celulares perdidos. Daqui a pouco a CVM vai exigir esclarecimento. Bem, mas aí já é outra história...

- A SG recebeu incentivo da Prefeitura de São Paulo – cinco anos sem pagar IPTU – para se instalar num prédio histórico próximo à estação da Luz, na antiga Cracolândia da cidade. Somente na mudança do SP Centrale é que perceberam que Pira não estava em sua sala – anos depois que o gnomo sumiu no décimo terceiro andar. Nem Adriane está mais na empresa. Ela, hoje, administra um site de sexo virtual de muito sucesso, com escritório no largo do Arouche, a famosa Boca do Lixo e da prostituição de Sampa. A SG acabou encontrando um ótimo executivo, com um currículo incrível, para entrar no lugar de Pira. É o gerente do GoldenBank – aquele que acabou com o trabalho de Eduarda. O que não fazem dois MBAs... Ah! O carro de Pira permanece no S4.

- A MUNDO já está com quatro andares no SP Centrale, e Wagner pensa em alugar outros dois, para trazer as novas empresas que comprou. Ele quer porque quer encontrar Glória. Pelo jeito, "Uanda" estava certa. Um dia o SP Centrale muda de nome para *MUNDO Centrale*.

- Tavares se deu mal. Dona Esmeralda praticamente adotou Wagner como filho e Wagner aceitou a carência de sua "nova mãe" para fazer grandes negócios, lançando na MUNDO a linha de acepipes da "Vovó Esmeralda", sendo um sucesso absurdo de vendas. A única condição que dona Esmeralda impôs para fazer a linha de alimentos exclusiva para a MUNDO foi ter uma foto de Juquinha Tavarinho em todas as lojas, para impedir que ele comprasse qualquer coisa que levasse sua marca própria. O ex-filho de dona Esmeralda consegue comprar no mercado paralelo do SP Centrale alguns biscoitinhos que lembram o prazer de ter a mãe que teve. Tavares continua mandando e-mails anônimos para Roberta, que continua ignorando a paquera virtual.

- Coxinha virou pai de santo, daqueles bem conhecidos e com fila para ser atendido. Ele aparece vez ou outra nesses programas da tarde da TV brasileira, fazendo previsões óbvias cheias de suspense e com terror anunciado. Ninguém sabe, mas Wagner recebe Coxinha pelo menos uma vez por mês em sua casa, para novas previsões e para um descarrego, com direito a velas e pipoca. Coxinha atendeu dia desses a assistente de RH da Mundo, aquela que o mandou embora – ela não o reconheceu, mas ele sim. O pai de santo previu um futuro triste e incerto para a moça, o que a deixou desconsolada. Coxinha sabe muito bem como fazer alguém acreditar em destino, especialmente os reescritos por ele.

- Na Sidar, Eleno continua correndo de um lado para o outro com suas chaves, azucrinando as copeiras. O dono da Sidar alcançou o posto de segundo homem mais rico do Brasil, com mais de 4 bilhões de dólares de fortuna pessoal, segundo a *MONEY S/A*. Não há notícias de Dayse.

- Francisco conseguiu subir rápido na Sidar, principalmente depois que um vídeo erótico seu com Marly e Laly vazou na Internet – e Francisco está com um corpão no filminho. Ele chegou a ser convidado para o elenco de subcelebridades da *Fazenda*, mas não topou. Marly e Laly aceitaram a proposta do *reality show*, mas saíram na primeira semana e hoje vivem de "presenças VIPs" em eventos de quarto escalão. Lauro também teve um vídeo erótico seu publicado na Internet (que ninguém sabe quem gravou – estava tudo escuro e exigia uma câmera de infravermelho... igual ao celular de Francisco), em que está de toalha para lá e para cá numa sauna gay – e não estava com corpo bom, não. Ele continua com o mesmo cargo na Sidar e com a mesma paixão por Francisco. Lalau não foi demitido da construtora, já que a empresa não tem preconceitos quanto à orientação sexual, e ele só não subiu de cargo pelo motivo que realmente deve valer numa promoção: a competência. Francisco preferiu uma vingança melhor que aquela de apenas mandar seu inimigo embora: ele deixou Lauro ali, com sua carreira profissional parada, olhando para ele, que não para de crescer. E você aí ainda quer saber se Francisco é gay, fala a verdade!

- Fátima continua secretária de Sossô e já se acostumou com "Beth, querida, me chame de Beth". A história do telefone sem fio não deu certo, mas Fátima descobriu que podia transferir suas chamadas para o celular. Soares, que agora só toma Fanta Uva, não gostou da ideia, e, em vez de pedir a ela que não deixe de atender seus telefonemas, ordenou que Fátima não saia mais da mesa enquanto estiver no escritório. Ela acabou com uma infecção urinária, que já passou. Está sete quilos mais magra, já que não almoça mais. Cá entre nós, a secretária nunca esteve tão bonita, e... a Rádio Peão garante que ela tem caso com Sossô. Fátima entregou sua história nas mãos de Deus e não tem mais medo de filme de terror.

- Nelson-Pai mudou toda a sua vida, vendendo carregador de celular nos faróis da cidade. Ele jura que um dia vai reconquistar sua loja no shopping – que foi fechada pela MUNDO, por não dar o lucro que Wagner queria. O filho caçula, Delson, virou *gogo boy* em boate gay e às vezes liga de um orelhão para o pai. Nelson-Pai tem um segredo... Está apaixonado por uma mulher loira, linda, que acabou de chegar da Suíça e atende pelo nome de Hebe. Ela já comprou dois de seus carregadores.

- Ednaldo transformou a sacanagem do micro-ônibus em lucro. Ele entrou com o veículo na onda do *food truck* e vende nos fins de semana crepes pelas esquinas de São Paulo – dizem que o de frango com catupiry é ótimo. A KILO continua pagando o aluguel do veículo. Ah, sim, Ednaldo conseguiu um ramal e um computador. Ele fez Amorzinho ser demitida e pegou para si todos os pertences da antiga colega de trabalho, contando aí salário e bônus – inclusive, agora, assina gerente de relacionamento com clientes de atacado & varejo. Quem disse que Ednaldo é bonzinho? O Help Desk continua o mesmo.

- A BS saiu de São Paulo, levando sua sede para Curitiba. Está de mudança para o décimo sétimo andar do edifício a YTR Automotivo, uma empresa de carros chineses focados na classe C. A diretoria queria ir para a Chácara Santo Antônio, mas seu executivo de RH convenceu os diretores de que era melhor ir para o SP Centrale, "porque classe C adora entrar em prédio classe A". O diretor de RH da YTR é Dárcio Cotta, que não pode ouvir a palavra "Feedback", e está feliz em voltar para o *hall* do SP Centrale.
- O outro andar da BS está vago. Caso você tenha interesse em locá-lo, por favor, entre em contato com Vanessa Reis, a gerente do SP Centrale. Mas adiantamos que a MUNDO apresentou uma proposta comercial que já está em análise.
- A Internet Brazil não foi comprada pela MUNDO, e Heloisa, aquela diretora de criação da ALÉM+, está na seleção final para entrar no lugar de Guto Corsaro. Girella demorou, como sempre, e Cibele acabou indo mesmo para a concorrência. Agora, ele deve acabar contratando esse engodo como superintendente de marketing da empresa. Detalhe: a primeira coisa que Heloisa quer fazer é contratar a ALÉM+ para se vingar de Isadora e fazê-la sentir tudo o que ela sofreu anos atrás. E o pior é que ela vai conseguir. Pedro *Mala*, na sua sensibilidade de homem de RH, achou Heloisa perfeita para o cargo. "Muito melhor que aquele ex-superintendente", garante.
- Ninguém sabe de Guto Corsaro. Dizem que ele foi morar na Europa. Uns têm certeza absoluta de que o ex-Internet Brazil está em tratativas finais para ir para a MUNDO. Outra vertente diz que Guto analisa "projetos" e "convites". A Rádio Peão da IB descartou a possibilidade de ele estar escrevendo um livro para contar todos os podres do mundo corporativo. "Guto não perderia tempo com essa bobagem", filosofa um antigo funcionário de sua área, o Guto estagiário.

2024

Tudo que vai...

ELA chegava pelo *hall* do SP Centrale. O prédio ainda guardava seu brilho de outras épocas, o CEP tinha se valorizado ainda mais depois de sua construção, conseguiu manter seu charme, era um dos locais para onde as empresas queriam levar suas sedes. Numa espécie de Brad Pitt de quase 60 anos em *Era uma vez em... Hollywood*, o SP Centrale ainda ostentava um abdômen trincado no alto do telhado da casa, brincando de Gabriela (você escolhe a sua versão, com as deusas Sônia Braga e Juliana Paes). Mas tantos outros vieram depois...

Edifícios mais altos, mais *green*, com tecnologia de baixo impacto no meio ambiente, com arquitetura de escritórios europeus preocupados com o bem-estar social do Terceiro Mundo, onde você pode carregar seu carro elétrico de um milhão de reais, onde se pode alugar uma bicicleta e um guarda-chuva, onde se pode reciclar até pilha. Olha só que coisa mais linda. ELA estava chateada com isso. ELA não queria estar naquele prédio... Havia tantos mais altos, mais instagramáveis. "SP Centrale... Que nome é esse?", pensava a mocinha, sem muita graça, de olho apertado, cabelo desgrenhado para dar o ar de moderna, com roupa de segunda mão (para carregar o selo da moda sustentável), óculos caros e andar mole. ELA não era uma figura que se destacava na multidão. Nem na multidão, nem no *hall* do SP Centrale, onde andava sozinha e que parece observá-la.

Sozinha. ELA estava <u>sempre</u> sozinha. ELA queria ser vista, amada. Sonhava que aquele amigo descolado ligasse para ela todos os dias para pedir sua opinião. Esse amigo descolado era um cara que ela chamava de amigo porque curtia todas as fotos dele no TikTok, mas ele não sabia da existência dessa "amiga-fã". De tanto que ela queria ser grande como tinha certeza de que merecia ser, ELA comprou coleguinhas. Sendo mais exato, comprou 99.980 coleguinhas, para dar o número bonito de 100 mil inscritos em seu Instagram. Sendo justo, vinte seguidores eram mesmo dela – tinha seu pai (cujo perfil ELA abriu só para seguir ELA mesma), sua vizinha, a prima de Taubaté, o marido e o filho – os dois tão sem graça quanto ELA. O restante eram aqueles seres estranhos online "segue que sigo de volta". ELA seguiu. E quinze seguiram de volta. Mas cinco já foram deletados e ELA perdeu seguidores. Ficou triste, a moça do cabelo desgrenhado.

Quando ELA chegou à catraca e passou seu crachá, algo aconteceu. Além do suor que começava a se formar em gotículas na testa, o segurança mexeu no fone de fio transparente enrolado que o fazia parecer agente do FBI. ELA olhou para o outro lado e viu um outro segurança indo em sua direção. ELA coloca o crachá dentro da bolsa e tenta sair sem ser vista. Era fácil para ELA fazer isso, era a vida dela: não ser notada, ser invisível. Mas dessa vez parece que ela teria os olhares que sempre procurou.

"Maldito sapato!", praguejou ELA. Os sapatos estilo boneca dos anos 1960, além de feios, eram desconfortáveis e impediam ELA de apertar o passo. Para parecer normal, pegou o celular e ficou mexendo no aparelho enquanto se dirigia para a porta gigante do *hall* do prédio para onde ELA odiou ir nesses últimos cinco meses. "Mais um pouco...", acreditava ELA. "Mais um pouco e consigo sair daqui", falou para si mesma, apenas para se permitir relaxar por um segundo. "Por que eu voltei?", se questionava. O segurança falou alto: "Senhora!". ELA sabia que era para ELA o "senhora". Somente ELA estava ali. "Senhora, por favor, pa-re!", o homem gigante ordenou. E ELA obedeceu.

De longe, já se ouviam as sirenes da polícia.

De costas para o segurança, ELA sorriu. ELA finalmente seria vista – e até amada. Afinal, se amam o Maníaco do Parque, por que não a amariam?

As sirenes ficaram mais altas, indicando que a polícia estava chegando ao local do chamado. ELA percebeu que muitas pessoas a olhavam pelo lado de fora do prédio. Algumas com celular na mão, outras horrorizadas por estarem de frente para a "FERA da Mundo", "A Besta da Faria Lima". ELA estava sendo batizada, e aquele momento era só dela. Com calma, ela tirou um bombom da bolsa e colocou na boca. O sorriso estava lá, não desmanchava. Não, não... Imagine. O bombom não estava envenenado. ELA não morreria sem ver toda a sua obra à mostra. ELA faria, sim, a vingança acontecer. Sua mãe, que havia morrido quase vinte anos antes sem nem receber uma coroa de flores daquela tal de Mundo, estava finalmente vingada. ELA era filha da Glória, ELA era o real sonho da moça do sonho.

ELA olhou para a porta do elevador sendo aberta e mais um corpo saía em um saco preto. Nos outros dois elevadores, a mesma cena acontecia. Aquela era a décima vez que cadáveres chegavam ao *lobby* – e alguns quase mortos eram trazidos pelas escadas e elevadores de carga. A morte sorria para ELA.

Quando ELA encarou o segurança, a polícia estava a um metro de seus braços com ares de boneco de cera. O segurança, de forma educada e aterrorizada, com medo de ser a próxima vítima:

– Eles eram seus amigos...

ELA olhou o homem em seus olhos, revelando que sua boca fazia um desenho de um sorriso invertido, carimbando em seu rosto um *emoji* de tristeza. Era a alma impressa na face – "Como ninguém percebeu a cara da maldade?", questionaria mais tarde o rapaz-segurança, já suado em seu terno preto dois números maior.

"Amigos? Bem que eu gostaria que fossem", respondeu ELA, sem impedir que uma lágrima escorresse pelo seu olho esquerdo. Finalmente, ELA tinha aprendido a chorar.

Mas ELA já é de uma outra história... Que em breve vai estampar o vídeo do dia naquele canal do YouTube daquele moço que tem – ou tinha – uma gata e adora comentar a vida dos criminosos.

O livro de Guto Corsaro

Confira as primeiras páginas do livro que é atribuído a Guto Corsaro ao qual a Rádio Peão do SP Centrale teve acesso. Guto não quis se pronunciar até o fechamento desta edição.

Quer casar comigo?

Todo dia era a mesma coisa. Marieta sempre esperava o engenheiro chegar. "Ele é formado!", era o que ela sempre contava para a mãe. Já sonhava com o casamento e a inveja das amigas. "A Marieta casou com um engenheiro!", diriam.

Naquela quarta-feira seria diferente. Ah, seria. Marieta estava decidida a falar com o moço-engenheiro. Ele quase não a via, sempre dava apenas um bom-dia rápido quando passava pelo seu balcão. Marieta era a recepcionista da *firma* onde o casal desta história trabalhava.

Enquanto pensava na decoração de seu futuro casamento, Marieta encaminhava mais uma ligação para um dos diretores mal-humorados da empresa. O engenheiro a tiraria daquele lugar. Tinha certeza disso. Afinal, engenheiro ganha bem, acreditava. E ele chegou. Seu marido, seu salvador, o herói de sua novela das oito passaria por ela. "Calma, Marieta, calma", repetia, num mantra descompassado.

– Bom dia – disse o moço.

– Bom dia... – respondeu Marieta.

Quando ele ia passar o crachá para abrir a porta que separava a recepção dos escritórios, Marieta falou alto:

– Bom dia, seu Engenheiro.

Ele voltou até a mesa da recepção.

– Desculpe, você falou comigo?

– Sim – ela respondeu, rindo um pouco, como se fosse uma romântica virgem. – Sim... Senhor Engenheiro.

– Engenheiro? – ele perguntou.

– Sim – ela diz, um pouco sem graça. – Ué... Você não é engenheiro?

– Não. Nossa, engenheiro... Por que você acha que eu sou engenheiro?

Marieta viu seu castelo desmoronar. Afinal, não fora construído por um engenheiro.

– Ué – Marieta responde, repetindo a palavra "ué" –, na sua camisa está escrito "Eng".

O moço olha para o bolso de sua camisa e vê o bordado ENG.

– Não, não... – agora é a vez dele de rir. – Este bordado são minhas iniciais: Eduardo Nilson Gouveia. Por isso ENG.

Marieta não ri mais.

– Eu sou CFO da empresa – apresenta-se, pronunciando a sigla em inglês. – Prazer – estendeu a mão –, meu nome é Eduardo.

Ela deu a mão sem a menor vontade e fechou a cara. Jamais pensaria em se casar com uma pessoa que faz um tal de CIEFÔU. A recepcionista não quis perguntar o que era CIEFÔU não por vergonha, mas porque realmente não a interessava. "Deve ganha mal, coitado", apostou. Ela queria homem que lhe desse luxo. "Jamais que eu vou dar bola pra gente CIEFÔU", Marieta decretou para sua vida.

Na volta para casa, Marieta resolveu mentir para a mãe, inventando que não tinha gostado do beijo do Engenheiro. "Imagine, nunca vou contar pras minhas amigas que eu queria casar com um tal de CIEFÔU", decidiu, passando em frente a uma construção sem nenhum engenheiro e com muitos operários gritando "gostosa".

Mal sabia Marieta que o CIEFÔU/CFO era nada mais, nada menos que o diretor financeiro da empresa, com salário de cinco dígitos e bônus na casa de um milhão por ano. E sabe que ele até que tinha gostado da recepcionista?

Bonitinha

Fabio checava os últimos detalhes do evento que tinha criado e do qual cuidara nos últimos dois meses. Sabia que aquele, além de um cliente exigente – para não dizer detalhista sem limites –, seria o salvador de seu emprego na agência de eventos de marketing em que trabalha. Cliente bom, marca importante, orçamento maior que ele imaginava. Era tudo o que tinha pedido a Deus e ao Diabo nos últimos meses. Fez direitinho, todos os dias, os exercícios do DVD-chato-ajuda-aqui que tomou conta dos desesperados: *The Secret*.

As orquídeas encontradas na feira das flores do Ceagesp exalavam um doce aroma pelo grande auditório do edifício New City Villaggio Premium Ibirapuera. Não menos doce que o preço-pechincha: cinco reais cada vasinho – claro que o cliente pagará, no mínimo, três vezes mais. E mais uma vez "claro" que o cliente achará que é um bom preço. A decoração com um quê de cafona não comprometia tanto o resultado do palco elevado com um pequeno púlpito à esquerda e as mais de vinte mesas redondas espalhadas pelo local. O bufê chegou na hora marcada, os garçons estavam a postos e com a roupa bem passada, o RSVP tinha tido mais confirmações que o esperado. Perfeito.

Fabio aguardava ansioso a chegada da diretoria da empresa, em especial a nova diretora de marketing. Rosangela Mesquita, a diretora, acabara de tomar posse do novo cargo e não quis intervir nos preparativos do Encontro Anual dos CBT – *Colaboradores Banco Tesor*. Deixou tudo a cargo da equipe que herdou, em especial do inteligente gerente de marketing, Celso – o salvador de Fabio. Aquele evento seria uma boa forma de Rosangela checar o nível de sua herança-equipe. Se tudo desse certo, ela, a chefe-diretora, sairia de gente boa, líder nata, diretora legal, ao dar autonomia e confiança para o time de marqueteiros do banco. Caso tudo fosse um fiasco, aquela seria a prova que procurava para mostrar que a área de marketing do Banco Tesor era uma grande porcaria-isso-sim. E, no dia seguinte, trocaria todo mundo por gente mais fiel a ela que ao banco – como quis fazer desde que estreara em seu posto de diretora de marketing.

Fabio vê Celso chegando. O gerente de marketing mostrava um largo sorriso, evidenciando a felicidade com tudo o que via. De longe, indo em direção a Fabio, Celso disse, alto:

– Bom. Muito bom!

– Obrigado... Obrigado... – Fabio respondeu, em tom humilde, como se aquilo tudo fosse uma novidade em sua vida. "Sou do cacete!", pensou.

– E está tudo certo? – quis saber o gerente, em tom de quem-manda--aqui-sou-eu.

– Tudo correndo exatamente como planejado!

Nesse momento, Fabio viu uma criança ao lado de Celso. "Nossa, como é feio criança vestida de adulto", pensou, olhando para aquele pedaço de gente de *tailleur*. Mas, claro, fazendo as vezes de puxa-saco, logo passou a mão na cabeça da criança e disse, com voz de bobo:

– Oi, *bunitinha*! Tá *dotano* da *fetinha*? (Tradução da língua fala--com-criança-como-se-fosse-bobo: Oi, bonitinha, está gostando da festa?) Celso pareceu um pouco incomodado com a cena. Talvez ele não gostasse que brincassem com sua filha, refletiu Fabio. Ainda com a mão na cabeça da menina, mexendo a mão como se estivesse fazendo carinho num cachorrinho, Fabio desembestou a falar, quebrando aquele clima estranho que ele sentia estar começando a se formar.

– Olha – apontando para o salão –, as mesas já estão prontas e decoradas, as recepcionistas estão na porta aguardando os convidados – em tom de confidência, chegou mais perto de Fabio: – E somente elas têm a lista de onde deve sentar cada diretor do banco, pra não haver atrito entre os executivos.

Fabio explica mais alguns pontos da produção do evento e se vira para a menina, que tenta tirar a mão dele de sua cabeça.

– Qué um *refrigelante*, *qué*? – Fabio perguntou. Celso tentou falar alguma coisa, mas foi impedido.

– Celso, e sua diretora, a Rosangela, quando chega? Quero conhecer a poderosa. E aí, tá conseguindo dobrar a fera? – disse, rindo, tentando fazer os dois de cúmplices.

– Estou aqui. Eu sou a Rosangela.

Fabio não sabia de onde vinha a voz grossa de cigarro, até sentir um tapa em sua mão dado pela menina.

– E para de desmanchar meu cabelo, porra!

Fabio abaixou a cabeça lentamente, percebendo que a voz vinha da... da... menina. Na verdade, a *filha* de Celso era Rosangela Mesquita, a diretora de marketing do banco. Rosangela era anã.

Precisa mesmo falar mais alguma coisa?

Um só coração

O vice-presidente financeiro chegou ao escritório pontualmente às 7h30. Naquele dia, às 8h, haveria reunião de integração com a equipe de 37 pessoas que ele comandava. Ou melhor, haveria uma reunião de integração dele com a equipe, já que os 37 da área financeira da empresa se conheciam bem – faziam até churrascos (olha que delícia!) uma vez por mês no sítio do gerente da tesouraria. Eles até convidavam o chefe-mor, mas o quase senhor de quase 49 anos não respondia aos e-mails. Sempre havia esperança de o todo-poderoso um dia dar o ar da graça e, quem sabe, até participar do jogo de futebol entre os barrigudos do financeiro.

Esperança da equipe, claro. Nunca do vice-presidente. Ele era chique e não ia se dar ao trabalho de comer carne com gordura em meio a gente desconhecida. Mesmo sendo pessoas contratadas para trabalhar para ele.

8h01
– Bom dia a todos – disse o vice-presidente, abrindo a reunião.
– Bom dia – responderam os súditos.
– Esta é uma reunião importante. Importante porque todos aqui são importantes para a empresa. Quero conhecer cada vez mais vocês e que vocês também me conheçam. Quero que vocês aproveitem esta reunião para perguntar o que quiserem.

8h03
– Ninguém quer perguntar nada? Não é possível. Podem perguntar. Não precisam ter medo – garantiu o VP.

8h04
Um corajoso levanta a mão e pergunta:
– Oi, bom dia. Meu nome é Jefferson e trabalho na contadoria.
– Bom dia – respondeu o VP, com um leve sorriso.
– Eu gostaria de saber por que se ganha tão pouco aqui na empresa. Por que ganhamos 40% menos que o mercado?
– Bem, eu acho que não me fiz entender direito. Eu disse que vocês podiam perguntar o que quisessem. Mas esqueci de completar que a pergunta deve ser inteligente. Mais alguém quer fazer uma pergunta?

8h06
Fim da reunião. O vice-presidente gostou da experiência e tentará fazer esse encontro mais vezes. Pelo menos uma vez por ano. E, quanto a Jefferson, não se preocupe. Ele não foi mandado embora. Ao sair da sala de reunião, o VP já não se lembrava nem do que tinha sido discutido na reunião nem da cara do coitado-coragem.

Boa ação

Era uma das metas do ano estipulada pelo RH: todos os funcionários deveriam fazer pelo menos uma boa ação no ano – e ter alguma comprovação disso, claro. Mais uma daquelas ideias de integração de RH.

Naquela área todos haviam cumprido esse quesito da "Boa Ação" do PMP – Plano de Metas Pessoais. As vendas não estavam lá essas coisas, mas pelo menos essa linha já estava ticada. Menos para Paulo.

Faltando menos de três semanas para o fim do ano, Paulo já não queria mais saber das reuniões de coordenadores da empresa. Ele queria apenas marcar como completa sua boa ação. A magrela que se sentava literalmente na frente de Paulo foi ler histórias tristes para crianças num orfanato católico na periferia. Foi apenas uma vez, pegou o recibo com as irmãs e sumiu. Pôde marcar "ok" no PMP. Seu outro colega de equipe tinha ajudado a dar banho em cachorros de uma ONG de animais e conseguiu até foto com os bichos. Ganhou para sempre marcas da coceira de uma alergia aos pelos do grande *poodle*. Mas valeu a pena. Tudo pelo bônus. Outros ajudaram a separar lixo, e alguns até fizeram visitas aleatórias em presídios. Menos Paulo. E ele queria o bônus inteiro nesse ano.

I

Naquele sábado, no almoço com a família, Paulo só pensava em como conseguir logo esse recibo-bom-moço, até que a luz acendeu bem diante de seus olhos. De dentro do restaurante, viu uma cega passando pela rua. "É isso!", decretou Paulo. Puxando seu filho de 15 anos pelo braço, Paulo ligou a câmera de seu celular e colocou o aparelho na mão do adolescente. "Filme tudo, não perca nada", foram as últimas palavras de pai-para-filho antes da disparada do executivo.

A coitada da mulher cega estava indo para sua massagem diária. Ela sabia muito bem o caminho. Passava por lá todos os dias – lembra que a massagem é diária? Toc-toc-toc era o barulho que seu cafona-Muli fazia pelas esburacadas calçadas da cidade. Por meio do barulho do sapato, Tandara, a cega, contava seus passos.

– Bom dia! Pode deixar, eu te ajudo, vem comigo – Paulo falou, assustando a mulher, puxando-a pelo braço.

– O que é isso? Para! Me larga! Que é isso? – falava Tandara, angustiada. Ela odiava quando as pessoas faziam isso. Não se pega em braço de cego, gente!

– Então, vem por aqui. Você quer atravessar a rua, não é?

– Não quero nada. Me larga! Socorro! – Tandara começou a gritar. Gritava por medo e de ódio por ter perdido a conta dos passos.

– Vem, vem. Daqui a pouco os carros param – Paulo insistia, puxando Tandara pelos dois braços.

Até que... Paulo estava tão preocupado em olhar o chão que não viu o telefone público na calçada. E Tandara deu com a cabeça no orelhão-feio-telefônico. PUM! Foi o barulho seco da batida.

Silêncio.

– Nossa, desculpa. Mas vem por aqui...

Silêncio.

– FILHO DA PUTA! – foi a resposta de Tandara.

– Não, escuta, desculpa... A gente já vai atravessar.

– ME SOLTA, SEU FILHO DA PUTA! LARGA! SOLTA! PARA! – berrava Tandara.

Como a cega gritava muito e Paulo continuava puxando seus braços, algumas pessoas começaram a achar que aquilo era um assalto. Resultado: Paulo foi preso em flagrante e levado para a delegacia. Resolvido tudo com o delegado, o executivo foi liberado e a cega voltou para casa sem fazer sua massagem. Voltou mais tensa que nunca.

Paulo foi para casa e resolveu que não ia cumprir a meta do RH. Ele só se esqueceu de apagar o vídeo de seu celular. Seu filho, como um bom adolescente, publicou o vídeo no YouTube, onde bateu mais de um milhão de visitas. Mal sabe Paulo que todo o escritório onde trabalha já viu o vídeo "Homem assalta cega". Inclusive o RH.

Filho da dona

Já se conheciam fazia dez anos. Mauro e Murillo viviam juntos para lá e para cá, tinham nome de dupla sertaneja e trabalhavam em áreas que se complementavam. Mauro, o alto de cabelos castanhos, era arquiteto. Murillo, o de olhos verdes, era engenheiro.

De tão amigos, decidiram dividir o mesmo teto. Para isso, reformaram um apartamento de trezentos metros quadrados no Leblon, no bairro boêmio carioca. Mauro cuidou da decoração, Murillo conseguiu derrubar as paredes e trocar os pisos sem colocar o prédio no chão. Todos os dias acordavam com o mar diante de sua janela. No mesmo quarto, na mesma cama.

Sim, Mauro e Murillo eram mais que amigos. Eram um casal.

Às oito horas da manhã já estavam na construtora onde se conheceram e onde se rendiam às dez horas de labuta. Sábados, domingos e feriados eram dias úteis na empresa, que ocupava o lindo casarão do século XIX em Santa Tereza. Dona Mirtes, a dona de fato do lugar, era muito séria. Pagava bem. Mas também exigia bem de seus funcionários. Principalmente de Mauro e Murillo – os grandes talentos da construtora.

Naquele dia, Mauro teve que se levantar mais cedo, para visitar uma obra na Barra da Tijuca. Murillo nem se mexeu com a saída do companheiro. Acordou, sim, uma hora mais tarde, com o celular tocando. Eram seis horas da manhã.

– Senhor Murillo? – perguntou a voz do outro lado.

– Sim, quem fala?

– Aqui é a enfermeira Patricia. Eu trabalho no Hospital Central e estou ligando para falar de Mauro Brugges. Encontramos seu nome e este telefone em um cartão de emergência. Estava na carteira dele.

– Desculpe, não estou entendendo nada. O que aconteceu? – Murillo começou a ficar aflito.

– Senhor Murillo, o senhor poderia vir aqui...

– NÃO! – gritou com a enfermeira. – O que aconteceu? Quero saber! O que aconteceu com o Mauro?

– Senhor... Desculpe falar assim pelo telefone, mas... Veja bem, o senhor Mauro estava dirigindo pela Linha Amarela quando uma bala perdida o atingiu. Senhor, sinto muito... O senhor Mauro morreu.

Silêncio.

– Senhor... Senhor... O senhor está bem? – perguntou a moça.

– Não...

— O senhor e o seu Mauro eram irmãos? É que precisa alguém da família para liberar o corpo... Senhor?

Murillo desligou o telefone, levantou-se da cama e caiu no tapete do quarto.

* * *

Já eram 9 horas da manhã quando a empregada corria pelo apartamento do Leblon chorando, gritando, rezando alto, chamando pelo seu Murillo.

— Deus meu, que aconteceu com o patrão? Pelo amor de Jesus, me ajuda! Minha Iemanjá, me socorre! O hômi é tão bão! — Doralice, a empregada, recorria a todas as religiões enquanto sacudia Murillo.

Num pulo, Murillo se levantou. Doralice ficou com medo, achando que quem tinha ajudado tinha sido o Diabo. Ela tinha certeza de que não havia chamado o cara lá de baixo.

Murillo lembrou-se da conversa com a enfermeira. Enquanto voava para seu enorme *closet*, pensava no caminho mais curto até o Hospital Central.

* * *

No hospital, Murillo começou pedindo informação na recepção. Quando perguntaram se ele era parente, com a resposta negativa, a mocinha se *fechava* e dizia que apenas a família poderia ter acesso à informação sobre o corpo de Mauro. Foi nesse momento que Murillo viu um rosto conhecido vindo em sua direção. Era dona Mirtes, a chefe, a dona da construtora em que trabalhava.

— Mirtes... — disse Murillo, chorando, pronto para abraçar a mulher. Até que foi impedido pelos dedos finos da chefe.

— Murillo, precisamos conversar. Vamos nos sentar ali — os dois se retiraram para as cadeiras da recepção. Lá, Dona Mirtes retomou a conversa, da maneira mais fria possível.

— Murillo, nós vamos fazer uma cerimônia muito reservada. Apenas para a família. O velório e o enterro acontecerão na nossa fazenda, e Mauro descansará no jazigo da família Brugges.

— Mas, Mirtes, o Mauro queria ser cremado — Murillo falou, como se tudo aquilo fosse uma brincadeira. De mau gosto, claro.

— Murillo, Mauro era meu filho. MEU único filho, e você sabe disso. Todas as decisões com relação ao corpo dele só cabem a mim.

— Fizeram doação dos órgãos dele? Ele sempre disse que queria que tudo fosse doado...

— NUNCA! Jamais encostarão no meu filho. Ele nasceu perfeito e perfeito vai para a terra.

Murillo olhava a sogra-chefe sem muita surpresa. Ele sabia que ela era assim. Seca e fria. Não era à toa que o pai de Mauro havia se suicidado. Apesar de Murillo sempre ter achado que ele, o sogro, fora assassinado... por dona Mirtes. Afinal, alguém realmente consegue se matar com dois tiros?

— Ok, Mirtes... Não vou discutir com você. Quando será o velório?

— Hoje à tarde o corpo segue para a fazenda. O velório será de dois dias e depois será o enterro.

Murillo olhava para ela, incrédulo. Mauro detestava velórios longos e caixão aberto.

— Você quer ir no meu carro para a fazenda? — perguntou Murillo, mostrando que não iria brigar com a chefe-sogra.

— Como assim?

— Mirtes, imagino que você esteja sem cabeça para dirigir.

— Claro que não vou guiar o carro numa situação dessas, Murillo! Meu motorista é quem vai dirigindo.

— Está bem — falou Murillo, aceitando mais uma vez as decisões de Mirtes. — Eu trouxe no carro uma mala com a roupa preferida do Mauro.

— Não precisa, obrigada — respondeu ela. — Já pedi que comprassem um terno para o meu filho.

Murillo engoliu em seco mais uma vez e concordou com a cabeça. Mauro odiava ternos.

— Aham... Onde é o necrotério? Quero ver o Mauro. Disseram que somente a família pode entrar lá.

— Sim, somente a família — sentenciou Mirtes, com seu olhar gelado.

— Mas... Mirtes... Eu sou o namorado, o companheiro do Mauro.

— Era.

— Sou.

– Era. E companheiro não é família.

"Não posso desmaiar de novo. Não na frente dela", pensou Murillo.

– E, Murillo, tudo será somente para a família. O necrotério...

"Eu não sou da família... Ela não vai me deixar ver o Mauro."

– O velório...

"Nunca mais."

– E o enterro.

Murillo cogitou dar um soco em Mirtes. Quase riu de imaginar a cena das pessoas tentando fazê-lo se acalmar. Mauro iria gostar da confusão. Mas não deu o soco. Afinal, de verdade, o que os outros doentes teriam a ver com sua dor? O que ele realmente conseguiria? No máximo, um calmante dado por uma enfermeira caridosa.

– Murillo, agradeceria se você deixasse o apartamento do Leblon ainda hoje. Você sabe que o apartamento era de fato do Mauro.

"Perdi tudo. Perdi o Mauro, perdi a casa e, claro..."

– E, por favor, mande seu novo endereço para minha secretária enviar suas coisas que estão na construtora. Não precisamos mais dos seus serviços.

"...o trabalho. Perdi o trabalho também."

Mirtes, ou melhor, dona Mirtes, levantou-se calmamente e sumiu num corredor branco-encardido. Murillo ainda ficou mais um tempo sentado na recepção do hospital. Seria aquela a última vez que os dois, Mauro e Murillo, estariam juntos no mesmo lugar.

★ ★·★

Murillo hoje mora em São Paulo e, depois de alguns anos, está voltando a dar risadas com os novos amigos que fez na Pauliceia desvairada. Muita gente quis que Murillo processasse a temida dona Mirtes, exigisse o apartamento como herança. Murillo não quis. Levou apenas as fotos dos dez anos que passou com Mauro e encerrou para sempre essa história em sua vida. "Processar a Mirtes seria estar com ela para o resto da vida", explicou mais tarde numa mesa do Ritz, nos Jardins, na capital paulista. E ele não queria mesmo ficar ligado àquela mulher, nem por um minuto.

Murillo se reergueu e hoje é um dos principais engenheiros de uma das maiores – ou será a maior? – construtoras do Brasil. Mora em Higienópolis com seu novo namorado, com quem tem um contrato homoafetivo, que parece garantir algum direito de matrimônio.

* * *

Adoraria dizer que dona Mirtes se deu mal e agora vende churros no Piscinão de Ramos, no Rio de Janeiro. Mas não seria verdade. Sua construtora cresceu muito e quase foi comprada pela empresa em que Murillo trabalha. O negócio não foi fechado porque dona Mirtes preferiu abrir capital sozinha, sem sócios. Fez certo. Ganhou mais dinheiro.

Ela está rica. Bem rica. Quase foi para a lista da *Forbes*, mas a queda da Bolsa em 2010 não permitiu. Está cheia de dinheiro. Mas está sozinha. E quem disse que ela quer ter alguém?

Pai é pai

Ela era médica. Do tipo que não para, vira a noite e o dia. Plantão, para ela, é de 24 horas.

E, no meio de tanta ida ao hospital, num domingão, entre um soro aqui e um anti-inflamatório ali, a médica ficou de butuca na conversa que se desenrolava ao seu lado via celular. Um pai que tinha corrido com o filho para o pronto-socorro e aguardava os exames do pequeno tentava explicar para um cliente que ele não poderia estar no dia seguinte, às sete da matina, em uma reunião, porque o filho encontrava-se em observação depois de ter caído da bicicleta e ficado com amnésia. Coisa séria, gente. Drama. E o dito-cujo do outro lado da linha não dava trégua. A conversa terminou mais ou menos assim:

Pai: Meu filho caiu da bicicleta e está com amnésia. Vim de Vinhedo para cá, porque aqui tem mais recursos.

Dito-cujo (imagina a médica): Sei, que pena. E nossa reunião de amanhã às 7h está em pé, certo?

Pai: Acho que você não entendeu. Meu filho sofreu um acidente e não sei que horas vou sair daqui.

Dito-cujo (imagina a médica): Mas o que isso tem a ver com nossa reunião?

Pai: Escute aqui, ô, Dito-Cujo. Eu trabalho por conta própria para não ter que ter horários. Você é que tem que se enquadrar na minha agenda.
Dito-cujo (imagina a médica): Mas eu quero a reunião às 7h.
Pai: Então vai ficar querendo. Pelo que percebemos aqui, não temos como fazer esse trabalho juntos. E com licença, que vou ver meu filho.
Clique.
Desligou.
O pai levantou-se e foi ficar próximo dos seus. A médica terminou o último curativo e foi para casa. Ela não era pai. Mas era mãe.

A verdade sempre prevalecerá. Será?

Estava eu às dez horas da manhã no supermercado, escolhendo qual seria a salada do meu almoço (prefiro sempre minirrúcula e miniagrião, mas nem sempre encontro nesse supermercado), quando fui praticamente convidado a escutar uma conversa que acontecia via celular entre a gôndola do melão e a das uvas.

Um senhor, digamos, robusto, enchia seu carrinho com queijos e mais queijos quando seu querido *smartphone* recém-adquirido tocou. Antes de atender, viu pelo nome no visor quem o interrompia naquele festivo ato consumista. "Cacete... Puta mulher chata!", falou alto, como se estivesse vendo um jogo do Palmeiras entre amigos na sua espaçosa sala de televisão.

Não me contive e fui para mais perto do senhor, para não perder nenhum detalhe, como se fosse um repórter das revistas de celebridades ouvindo as confissões de cama de Angelina Jolie. O diálogo começou, mas, antes, sua voz irritada passou para um tom doce, amigo... Servil.

– Bom dia, Isaura.

Vários *aham* foram repetidos e repetidos – e eu não vou inventar o que o outro lado falava porque, claro, não consegui ouvir. O robustão tentou várias vezes cortá-la, mas era perceptível que a Malvina Cruela da história não deixava.

– Sim, sim, eu sei. Mas o que eu posso fazer? Você me mandou para essa viagem. Eu não consigo fazer nada daqui, só quando eu chegar em São Paulo!

Peraí, onde eu estou?, perguntei a mim mesmo. Será que fui para Paris sem ser avisado? Não, não... Infelizmente, não. Verifiquei a minha localização com o simpático repositor, que também estava de butuca na história dos outros. Claro, pensei, triste, continuo aqui na Brigadeiro Luís Antônio (lado dos Jardins, óbvio), praticamente esquina com a avenida Paulista. Mais em São Paulo, impossível. Ou seja, o nosso protagonista, o robustão, é mentiroso.

– Chego só hoje à noite, no último voo. Pode avisar ele que só vejo isso na segunda-feira? – interrupção do outro lado. – Tá, desculpa... Eu sei. Tá, eu vejo no sábado, então. Tá, outro – aqui, uma pergunta: a moça lá do outro lado mandou beijos ou abraços? Nunca saberemos.

Foi nessa hora que o dono do celular, o nosso protagonista-robusto, se virou e me encarou. Seu sorriso sem graça quase me fez dar um abraço, tipo *Não-fica-assim-não*. "Oi, cara, tudo bem?", ele perguntou, vindo me dar a mão. Claro que também rezando para eu não ter escutado nada. Ambos sabíamos a verdade: eu tinha ouvido tudo e conhecia – muito bem – a pessoa com quem ele estava falando. Nós três, a Malvina Cruela, o robustão e eu, já trabalhamos juntos. Nem juntos, por sinal.

Conversamos um pouco, falamos sobre o aquecimento global, a Bovespa e ele prometeu não sumir. Não precisei jurar que não contaria nada para a sua chefa-chefe. Ele sabe que não farei isso. Mas não me contive na despedida e desejei boa viagem para o moço. Ele não respondeu e continuou em frente com seu carrinho de compras.

Não acho que o robustão esteja errado. Não mesmo. Aliás, acho muito saudável, até, dar uma cabulada ou outra no trabalho. É meio se sentir dono da sua própria vida. Se você nunca fez isso, faça. Escolha um dia com chuva – de preferência durante a semana, e não sexta ou segunda, que dá muito na cara. Vá ao cinema às três da tarde, ou veja toda a primeira temporada de *Homeland*. Diga que tem um compromisso, exame de estômago, fique gripado. E espante a culpa, hein! Com dor de consciência não tem graça enforcar um dia de trabalho.

E, agora, eu jogo uma pergunta para você, com base no título desta história: será que tudo nesta história e neste livro é realmente verdade? Será?

Doze soluções para quem quer fugir do mundo corporativo

1. Vire *black bloc*. Coloque uma camiseta de marca norte-americana amarrada no rosto, dê gritos contra tudo e todos, quebre bancos, descubra como abrir o caixa eletrônico no meio da confusão e leve o dinheiro para casa. Não se preocupe com a polícia, pois os advogados dessa turma são muito bons, conseguem colocar todo mundo em liberdade rapidinho. Já viu *black bloc* preso? De quebra, você vai virar o muso-queridinho da imprensa de esquerda, ficar famoso e pode vir a fundar um partido político.

2. Aliste-se em um desses *reality shows* da televisão, passe no teste com mais de vinte mil pessoas, aguente três meses sem sexo e cercado de gente louca; e torça para não sair em nenhum paredão. Depois, com o prêmio na mão, tente não gastar tudo em um carro importado e um apartamento de cobertura. Ou você acabará tendo que posar para uma dessas revistas de gente pelada ou entrar na seleção para uma das vagas da MUNDO de Descontos.

3. Nascer linda para virar uma *supermodel* e ganhar mais de um milhão de dólares por mês. Se já passou da idade, aposte em fazer uma filha com o nariz de Gisele Bündchen. Mas atenção: se vier um menino, e feio, você terá que permanecer no mundo corporativo até os 70 anos. Filho é muito caro nos dias de hoje..

4. Achar uma mulher muito rica e muito tonta para bancar todos os seus sonhos consumistas. Torça para não ser algo como a "Beth, querida", a esposa do Soares, da RRS. Afinal, só o Soares merece aquele ser como companheira eterna.

5. Vire *coach* online. Abra um Instagram com vídeos com muitas lições de vida fácil, que você mesmo não conseguiu seguir, mas que rendem curtidas e compartilhamentos. Não é difícil, basta falar "vida", "verdade", "vida de verdade", "verdadeira vida", "viva a vida". Compre seguidores, para ninguém perceber que você não é tão *pop* assim, e reze para algum RH te chamar para você começar sua vida de palestrante. Quem sabe...

6. Se não tiver na Netflix, assuma sua caixinha pirata que ali deve ter e dê *play* antes de fechar as malas para sua viagem sem volta.

7. Vire ator. Toda a gente do mundo corporativo sabe atuar muito bem. Leve as várias "caras e bocas de reunião" para os palcos do teatro. Quem sabe você não é o próximo Antônio Fagundes ou a Fernanda Montenegro dos anos 2000?

8. Aprenda a viver de luz e arroz integral. Monte uma comunidade *hippie*, mesmo que isso seja completamente fora de moda. Deixe a barba crescer, faça sua esposa abandonar a depilação. O banho só existirá quando chover. Trabalho e dinheiro serão coisas do passado. Pois é... Imaginando esse cenário, até que o mundo corporativo não é assim tão ruim.

9. Ensine velhinhos a usar WhatsApp pelo celular. Eles vão demorar a aprender e, quando aprenderem, troque o aparelho. A taxa hora-aula de cem reais está garantida. Pelo menos, enquanto seus alunos estiverem nesta dimensão.

10. Sabe desenhar? Mude-se para Paris e persiga os turistas da cidade para fazer a caricatura deles. Com o dinheiro dos desenhos, você não conseguirá morar nos melhores bairros da Cidade Luz, não fará compras nas lojas da Rue de la Montagne e não usará Prada. Mas estará trabalhando na Europa, lugar desejado por dez entre dez trabalhadores do universo corporativo. Seus amigos do mundo dos negócios vão morrer de inveja de você.

11. Desenvolva um desses aplicativos de *smartphone* para a Rádio Peão/Corredor. Uma "mídia social" corporativa para o mal. Deixe todo mundo falar tudo o que acha. Permita que a seita corporativa mostre a cara, com fotos, fatos e fofocas invejosas. Registre tudo e venda um serviço secreto e VIP para os chefes. Vai ser um marco na história das empresas. Esse aplicativo até eu vou querer comprar.

12. Comece a escrever livros de autoajuda corporativa. Títulos sugestivos ajudam a vender: *Ganhe mais!*, *Faça sua empresa ganhar mais!*, *Lucre mais!*. Crie uma apresentação cheia de imagens cafonas e malfeitas. Seja esperto, vire consultor e ganhe muito dinheiro fazendo palestras desnecessárias para o mundo corporativo.

Dicionário corporativo

B2C – *Business to Consumer*. Ou seja, o bom e velho "varejão". A MUNDO é uma B2C, por exemplo. A SPTEL também era. E aquela vendinha ao lado da casa da sua tia Pina também é. Ou seja, tá vendendo? Tá B2C. Deu até *slogan*...

B2B – *Business to Business*. Quer dizer: empresas vendendo para empresas. Isso mesmo. O departamento de compras de uma empresa compra do departamento de vendas de outra, algo que existe desde que empresa é empresa. Mas é mais bonito falar em inglês.

Benchmark – falamos que uma marca, empresa ou forma de gerenciar é *benchmark* quando queremos dizer que algo está tão bom, tão bem-feito que merece ser seguido, copiado. Por exemplo, a forma de Wagner dirigir a MUNDO é *benchmark* de mercado. Pena que o que é qualificado como ótimo nem sempre seja realmente bom.

Bônus – é uma parte do salário que chega em março como forma de prêmio. Se a empresa for bem, todos os funcionários da empresa recebem bônus, geralmente dois salários a mais. Se a empresa não for muito bem, apenas gerentes, superintendentes e diretores levam para casa entre dez e dezoito salários a mais, cada um. Ou seja, é a divisão de renda ao contrário. Quem ganha mais, ganha mais bônus. Os que têm salários menores, ganham menos bônus. E quem ganha muito sempre vai se dar bem. Claro... Óbvio.

Brand – "marca". Essa é a maneira bacana de dizer que a "marca" de uma empresa é X. Você sempre ouvirá os marqueteiros dizendo: "O *brand* de tal empresa foi construído em cima de muita pesquisa com o público consumidor". Mentiras sinceras te interessam?

Briefing – é a passagem de informação de uma pessoa/empresa para uma agência ou produtora que desenvolverá uma campanha – geralmente com urgência. Quando você quiser ser *cool*, diga para sua mãe que não vai comer o estrogonofe que ela fez porque "Vou pegar um *briefing* de um *job*". Ela não vai entender nada e vai achar que você é muito descolado.

Brainstorm – numa tradução ao pé da letra, *brainstorm* significa "tempestade cerebral". Esse é o momento em que um monte de gente se fecha numa sala para "criar". Todos ficam livres para dizer o que vier à cabeça. O pensamento solto é estimulado sem censura. E sai cada coisa dessas reuniões… Isso se sair alguma coisa.

CD – Centro de distribuição. Em linguagem popular, é o "depósito" de uma empresa. Antigamente, muita gente achava que era uma loja de CD. Não entendeu? Quantos anos você tem?

CEO – *Chief Executive Officer*. Para bom entendedor, significa "presidente", "chefe do escritório". No entanto, muita gente que cuida de empresa e que não fala inglês acaba contratando um presidente e um CEO ao mesmo tempo. Pra quê, ninguém sabe.

CFO – *Chief Financial Officer*. Ou diretor financeiro. É o homem do dinheiro, o que corta todas as verbas e acha gasto com funcionário uma bobagem sem lógica.

Chairman – o "homem-cadeira" é o cara que faz a ponte entre os acionistas e a direção da empresa. É quem preside o conselho e manda no CEO ou presidente. É bom respeitar o *chairman* se você quiser permanecer no emprego. Agora, se quiser crescer e receber promoção, puxe o saco do homem-cadeira duas vezes ao dia.

CIO – *Chief Information Officer*. O chefe do CTO. É o homem da informação, o que traduz tecnologia em inteligência corporativa. Compreendeu? Não? Tudo bem, nem ele. Mas a conta-corrente do Ci-Ti-Ou está ótima, obrigado.

Conselho – deveria ter venda de ingressos para assistir a reunião de conselho. É pior – ou seria melhor? – que sessão de deputados e senadores. Geralmente, é um monte de gente rica sem nada para fazer e um bando de representantes de bancos que querem decidir o rumo de uma empresa. A maioria não conhece o negócio, mas gosta de perguntar para mostrar que tem motivo de estar lá. E não acredite em novela. Ninguém entra num conselho com uma pasta na mão dizendo que tem 51% das ações.

CRM – é a análise que fazem de todos os dados dos clientes para "melhor servi-los". É usual cruzamento de dados de um cliente com ficha em uma empresa com outra empresa para atualização de dados cadastrais. O CRM é o lobo mau da história. Ele faz tudo pra "te conhecer melhor" e depois dar o bote mandando e-mails (alguém usa ainda?) e WhatsApp sem você pedir. É usualmente o chefe das operadoras de telemarketing que ligam para a sua casa no sábado às oito da manhã com a boca cheia de gerúndio, "senhor".

CTO – *Chief Technology Officer*. O famoso diretor de tecnologia. Aquele que manda comprar computador ruim; que não deixa os funcionários terem acesso ao Messenger no trabalho; que barra a instalação de arquivos executáveis. No entanto, é quem sempre entra nos sites pornôs e enche os servidores de vírus quando abre aqueles e-mails idiotas cheios de imagens de praias de Fortaleza.

Diretor – todos acham que diretor é chefe-supremo-ó-senhor. Mas não é. Diretor é atormentado pelo presidente, CEO e conselho da empresa. Está sempre na berlinda, pois há vários gerentes querendo seu lugar e muitos diretores não parceiros querendo sua área. Todo diretor engorda, em média, 18 quilos por ano, segundo última pesquisa da "Uanda".

Gerente – é quem gerencia. É quem leva bronca do diretor e quem dá bronca no resto da equipe. Seu sonho é ser um dia quem dá a bronca máster.

IPO – é a abertura de capital de uma empresa na Bolsa de Valores. É quando a empresa deixa de ser de um dono só é passa a ter *chairman*, RI e tudo o que uma empresa "S/A" tem que ter. E quando você começa a descobrir o fantasma do "acionista". Tudo que você fizer será para o "acionista" ficar feliz.

Market share – "divisão de mercado". O *market share* é a parte que cada marca representa dentro de um nicho de negócios. Por exemplo, quando dizemos que a cerveja Santos tem 5% de *market share*, significa que 5% das pessoas que bebem bebida alcoólica no Brasil preferem e/ou tomam a Santos. Aumentar a fatia do mercado, o *market share*, de uma empresa é o sonho de todo executivo. E o pesadelo de qualquer equipe.

Marketing – não existe uma boa tradução para essa palavra. Vale explicar o que é uma área de marketing. É nesse departamento que trabalham os maiores egos de uma empresa; onde todos tentam criar formas inovadoras e acabam se utilizando de suas agências para copiar o que é feito lá fora, principalmente em Nova Iorque. Como existem as plaquinhas "Cuidado, cão bravo", deveria ter uma placa nessa área: "Cuidado: gente de marketing".

MBA – *Master of Business Administration*. Essa é a maior lenda dos últimos quinze anos e que caiu no gosto popular. Não há assistente de marketing que não sonhe em fazer um. Muitos dizem que os melhores estão nos Estados Unidos e na Europa e que custam, apenas, 350 mil dólares por ano. Mas é garantido que depois de fazer esse curso de pós-graduação com ênfase em marketing você será disputado a tapa pelo mercado de trabalho e poderá definir seu salário mensal de dois a três dígitos. Aham. O melhor mesmo são os cursos de MBA com foco em RH, Financeiro, Logística e até Geografia. Vai entender...

Presidente – é o homem mais invejado de uma empresa; o que mais quer ser entrevistado pela *MONEY S/A*; e seus dados são o sonho de qualquer lista de CRM. Ou seja, um coitado que não para de receber convites com RSVP para festas chatas. E que logo será esquecido, quando for substituído por alguém mais jovem e com mais MBAs que ele.

RH – Recursos Humanos. Esse é o departamento de uma empresa que desenvolve seus funcionários. Ou pelo menos deveria. Pena que a maioria das pessoas que trabalha nessa área esqueça que existe a palavra "humano" na descrição de *Recursos Humanos* e trate os funcionários como "colaboradores" ou "associados".

RI – Relações com investidor. É a área que mais sofre em uma empresa com capital aberto. São os diretores e gerentes de RI que saem correndo para apagar os incêndios que a área de marketing arma ao anunciar antes da hora que vai lançar um produto Y que irá revolucionar o mercado e aumentará as vendas da empresa em 300%. Todas as informações de uma empresa com ações na Bolsa de Valores devem antes ser comunicadas de maneira formal para a CVM – Comissão de Valores Mobiliários. Caso contrário, os executivos ditos estatutários são presos. Olha que coisa forte...

Stock options – "opções de compra de ações". É um documento que garante aos gerentes, superintendentes e diretores a compra de um pacote de ações por um preço vinte vezes menor que aquele praticado na Bolsa de Valores. Por exemplo, na BS, há um plano de ações para gerentes, que a cada ano têm direito à compra de 1.000 títulos pelo preço de 1 real. Eles compram e vendem no mesmo dia cada papel por 20 reais, ou seja, nem quem está dentro da empresa quer ser acionista dela.

Trainee – ao longo do livro, a palavra *trainee* aparece mais de 144 vezes. É explicado sobre *trainee* no capítulo do GoldenBank. Para você não ter que voltar tantas páginas, trouxemos a descrição para relembrar:

TRAINEE, para quem não sabe, é um título mais metido para ESTAGIÁRIO. A diferença é que, em um estágio, a pessoa trabalha feito camelo e quando ganha algum salário é pouco, bem pouco, praticamente nada mesmo. Enquanto num PROGRAMA DE TRAINEE, não; esse é feito para jovens recém-formados que nunca trabalharam, mas que são vistos pelo mercado como promessas de novos Bill Gates. Por isso, devem ser tratados como tal. Recebem anos de treinamento dentro da empresa – geralmente seus "treinadores" são pessoas que nunca conseguem um aumento, muito menos promoção – mas servem para ensinar seu futuro chefe. Estranho, não? Outra diferença entre ESTAGIÁRIO e TRAINEE é o salário. Se o primeiro morre de fome, os ganhos de TRAINEE ultrapassam três mil dólares e já têm garantido o bônus na folha de pagamento. O TRAINEE é uma espécie de "pré-executivo" e raramente termina seu programa sem ser efetivado, no mínimo, como coordenador. Não se exige muito deles, afinal podem errar, devem errar e superar seu erros. Aliás, são estimulados a errar...